古代歷史文化 研究輯刊

十七編

王明蓀 主編

第31冊

神秘靈動
——古滇國青銅雕刻藝術特徵研究

隴藝梅 著

國家圖書館出版品預行編目資料

神秘靈動——古滇國青銅雕刻藝術特徵研究／隴藝梅 著 --
初版 -- 新北市：花木蘭文化出版社，2017〔民 106〕
目 2+146 面；19×26 公分
（古代歷史文化研究輯刊 十七編：第 31 冊）
ISBN 978-986-404-971-4（精裝）
1. 文物研究 2. 雲南省
618   106001497

ISBN-978-986-404-971-4

9 789864 049714

古代歷史文化研究輯刊
十七編　第三一冊　　　　　ISBN：978-986-404-971-4

神秘靈動──古滇國青銅雕刻藝術特徵研究

作　　者　隴藝梅
主　　編　王明蓀
總 編 輯　杜潔祥
副總編輯　楊嘉樂
編　　輯　許郁翎、王筑　美術編輯　陳逸婷
出　　版　花木蘭文化出版社
社　　長　高小娟
聯絡地址　235 新北市中和區中安街七二號十三樓
　　　　　電話：02-2923-1455／傳真：02-2923-1452
網　　址　http://www.huamulan.tw 信箱 hml810518@gmail.com
印　　刷　普羅文化出版廣告事業
初　　版　2017 年 3 月
全書字數　103886 字
定　　價　十七編 34 冊（精裝）台幣 68,000 元　　版權所有・請勿翻印

神秘靈動
——古滇國青銅雕刻藝術特徵研究

隴藝梅　著

作者簡介

　　隴藝梅，女，彝族　西安美術學院美術學博士，雲南藝術學院美術學院教授，美術史論系系主任。

　　獲獎：

2004 年「雲南民族美術資源在教學創作中的應用與實踐」項目獲得雲南藝術學院優秀教學成果一等獎

2005 年「雲南民族美術資源在教學創作中的應用與實踐」項目獲得雲南省高教育教學成果一等獎

2008 年《天籟之音》陶藝作品獲得雲南省首屆現代陶藝展覽優秀獎

2013 年獲得「紅雲紅河園丁獎」

　　著作：

《民間天空——雲南當代美術檔案》，雲南人民出版社出版，2005 年

《匠心獨運——雲南民族民間工藝美術藝人記》，雲南人民出版社出版，2011 年

學術研究論文發表於國家級、省級專業刊物數十篇，藝術作品經常參加省級展覽

提　　要

　　本文選取中國雲南古滇國文化中的青銅器藝術作爲研究對象，主要以形式分析和文化符號學的方法，從美術學的角度進行研究。

　　考古學、社會學、民族學、宗教學、民俗學、冶金科學等諸學科領域，對古滇國青銅文化的研究已經非常豐富，但是，立足於藝術學本體的研究卻相對欠缺，特別是從美術學的視角，微觀地把握雕塑語言的細節，追尋其風格特質和美學價值的研究，還有待深入進行。本書從梳理古滇國本土文明的源流及其文明基因所導引的審美觀念開始，以現代美術學的研究方法，圍繞青銅器的藝術語言、符號內涵等問題，來解析古滇國青銅雕刻的藝術魅力所在——因爲原始宗教和方國統治氛圍的籠罩，它是神秘奇異的；而多元的文化營養，又生成了它獨特的靈動風格。

　　古滇國的地理和歷史，見證了幾千年來的多民族融合過程；而多民族的融合致使古滇國文明具有著多元化的文化基因，這也是古滇國青銅雕刻獨特、成熟的文明支撐和審美基礎。以古滇國青銅雕刻的形式分析和符號學的研究作爲基點，可以導引出古滇國文明與周邊文明的藝術語言和審美觀念的交叉研究。本文還對比分析了古滇國青銅雕刻與周邊多種青銅雕刻的異同，對古滇國青銅文化與周邊民族文化的關係進行了分析。

　　本文汲取了民俗學、神話學、民族學、文學等領域的研究成果，主要運用形式分析法、符號學、完形心理學等學術研究方法來切入分析，力圖使研究觸及到古滇國青銅器所蘊含的美學內涵、文化內涵和功能意義，並力求剖析古滇國青銅器所包含的文化內蘊的各種文明之間的關係，以及著重就其中的雕刻藝術的藝術特徵加以梳理與探討。以此證明，古滇國青銅器作爲古滇國文明的精神符號，正是多種文化的碰撞與交流的結果。

目

次

緒　論

　　在人類文明發展史中，只有在中國的奴隸制、封建制時期，主要是夏、商、周、戰國，以及秦漢時期，大量出現、製作、使用了青銅器製品，這些青銅器不僅是普通的武器和工具，而更多的是作爲禮器、樂器，祭天地、拜鬼神、紀功記事之用的重器——這一過程延續了上千年的時間。研究表明，當時黃河流域的青銅器製作原料極其缺乏，而青銅器的製作是個龐大的系統工程，青銅器的完整鑄造系統（原材料與技術）應該爲國家頂層統治者們所掌控。

　　從夏代到東周時代，王族和貴族已經形成一整套嚴格的封建禮儀制度，嚴格地把人分成了不同的階層。而青銅器的運用也嚴格地控制在宗法制度的金字塔頂端——精英階層中。

　　從黃河流域和長江流域的區域間的考古遺存來看，由夏商周一直到戰國時期及以降的各時期中，都延續著王族製作並擁有大型青銅器的傳統，當然後來有了實用青銅器的大量出現。但是青銅器在中國古代的社會功能和象徵意義的確從始至終未曾改變：即代表王權至上的國之重器的象徵物。

　　有材料證實，位於四川省的廣漢三星堆商代祭祀遺址的青銅器和位於河南省安陽的商代婦好墓的青銅器的銅錫原料來源於雲南東川、箇舊地區，可見，雲南自古以來就與長江、黃河流域有頻繁的交往。雲南富有銅錫礦，材料來源便捷，並且考古發現，有在時限上早到與商同時期的青銅器，但是由於雲南的社會文明在時間段上晚於中原，所以其青銅文明盛期的到來，約在距今 2000 年以前左右，大概相當於商晚期到漢代的時段。而由於雲南的特殊地理位置，使得其文化內涵有別於中原、楚地、蜀域的青銅文明。從 20 世紀

50 年代開始，中國科學考古開始對古滇國墓葬發掘以來，雲南青銅器的神秘面容漸漸展現在世人眼前，呈現出雲南考古學界難以置信的輝煌的景象。

從 20 世紀 40 年代開始發現雲南青銅器至 50 年代後科學考古正式發掘青銅器，到今天已經在雲南出土一萬多件。

所以說，雲南文明的代表──青銅器，在雲南的東西南北，幾乎每一區域都有發掘出土。其分佈範圍被劃定為：滇西南地區、滇西北地區、洱海地區、滇南地區、滇東南地區、滇池地區、滇東北地區、滇東地區等幾個獨立又有聯繫的青銅時代文化區。雲南青銅器存在的時期，早到春秋，晚到東漢末期，而後被鐵器所替代。

雲南青銅器大致分為：生活用具類、生產工具類、軍事類、樂器類、祭祀裝飾類等。雲南青銅器數量多，器型特別，其中的青銅雕刻造型奇異，風格獨到，不同於世界任何文明的青銅雕刻樣式。本文選取以滇中的滇池、撫仙湖、星雲湖等湖泊為中心的滇池地區的古滇國青銅器作為研究對象，因為這一區域建立了名為「滇」的存在了幾百年的方國，被今天的歷史學界稱為「古滇」。由於地理位置和本土遺存文明的獨特性，導致了古滇國的青銅雕刻藝術保持了南高原文明的特質，這也是古滇國青銅藝術的審美取向不同於世界其它文明中任何青銅藝術的緣故。

古滇國青銅雕刻融合宗教、權力、財富於一體，體現了古滇國人的精神之祭，訴說著古滇國人心靈與火焰交融的歷史，青銅器物和青銅雕塑也集中體現了古滇國文化的內涵。比如，較為典型的銅鼓、銅桶、貯貝器、銅扣飾、銅戈、銅鉞、銅斧、銅鐘、銅案等，體現了多重文化交融的特徵，並呈現著獨特的視覺張力。這些重見天日的古滇國青銅藝術，用富有感染力的雕刻語言，全方位地彰顯了古滇國文明的魅力。

古滇國青銅雕刻藝術的藝術特點主要表現為：1、寫實再現風格：選取古滇國具有代表性的事件、生活場景、人、自然、動物等形象，忠實地記錄了古滇國的社會原貌，全面而細緻；2、塑造手法上，採取了群雕、圓雕、浮雕、線刻、鏤空等，幾乎所有的金屬雕塑的技法。3、內容方面，著重選取古滇國生活的細節之處加以塑造描寫。4、思維意識導向方面，集中強調宗教與世俗文化並重的現實；古滇國青銅雕塑有意識地選擇了如：祭祀、農牧、紡織、納貢、戰爭等場景，栩栩如生，還原了王者貴族、普通古滇國部族和奴隸的生活場面，再現了世俗生活的普通情節，建築、服飾、髮型、器物，每一處

雕刻都細緻入微，如實再現，好像《清明上河圖》式的全景記錄，運用青銅
材質、特別的雕塑塑造手法，立體地展示了古滇國社會的生動畫卷。5、古滇
國青銅器，同樣是爲陪葬而鑄造的。他們爲逝者營造出一幕幕生前的場景，
其精神旨歸體現了古滇國人主流的精神企盼，其中，記錄了多種類型、多樣
場景的祭祀形式，祭祀的功用佔據主要位置。6、武器、農具、建築、動物、
銅柱、樂器等日常用具的出現是古滇國青銅雕塑的一大特色。它們被雕刻鑄
造出來安放在青銅器上，都是圍繞祭祀主題而被極其經典塑造而出現。祭祀，
爲戰爭、爲農耕、爲狩獵、爲紡織、爲健康、爲族群繁衍等等。看似神聖的
儀式，實際上，都還原到了最貼近古滇國現實生活的具體事務上。

　　所以，從古滇國的青銅器中可以看出宗教與現實密切關聯，其青銅雕刻
的審美傾向並非純粹的「形而上」，亦非單一的「形而下」。複雜的功能和情
感，使得古滇國青銅雕刻的審美內涵充實而多面，神秘而靈動。

　　古滇國青銅器之所以具有獨特性，還因爲它有強烈的視覺衝擊力。許多
圓雕被焊接在貯貝器、武器、樂器、銅枕頭等這些特別的器物上。而且，古
滇國人有自己特有的造型規律，他們用神秘的符號，導引地下空間和地上空
間的關聯。用昂貴的青銅原料，塑造了一種精神與物質世界的統一體。古滇
國青銅器和青銅雕刻，正是古滇國人崇尚的審美方式和語言的表徵。

　　再者，古滇國與周邊方國和族群的往來與戰爭，加深了古滇國文明的複
雜性，使得其方國文明多元深厚，培植了肥沃的文明土壤，其雕塑藝術的內
涵也從而更加厚重複雜。

　　本文通過對古滇國青銅雕塑的圖像、造型、佈局、線條、韻律、空間或
青銅雕塑語言的研究，希望梳理並描述出古滇國青銅雕塑的美學價值。隨著
對古滇國歷代墓葬的發掘，滇中湖泊群周邊出土了諸多特別的青銅器物和青
銅雕塑，這些青銅雕塑所表現的世界，幾乎可以復原古滇國的社會形態，這
些文化有一個共同的特點：畜牧業和父權氏族形態的日益發展而種植業和母
權氏族形態的稍有萎縮的社會過渡時期的表現。

　　另外，由於古滇國的突然消失和文獻文字的缺乏，使得古滇國文明至今
一直是個謎團，如果有朝一日，通過學術研究的傾力合作能夠揭開古代滇國
的神秘面紗，那就是學術研究的重大成果。

　　借助雲南地區出土的青銅陪葬品，中國雲南的學者們已經在古滇國的農
業、畜牧業、冶金業、建築業、紡織業以及宗教、習俗、服飾、交通貿易等

各方面有了廣泛的研究，但是，從美術學的文化視角來研究青銅雕塑的成果方面，學術研究比例較少。雲南青銅雕塑的專門研究中，尤其從美術學的專業角度研究的幾乎是空白。從視覺語言的角度觀看，古滇國青銅雕塑的造型規律、塑造方法、空間構成、視覺角度、知覺心理、取材、營造的氣氛、以及帶來的美學特點都與黃河流域、巴蜀地區、南越地區不一樣。爲何古滇國青銅器具有如此眾多的雕飾技巧和雕飾風格？爲何古滇國青銅雕刻所呈現的空間和視覺張力如此與眾不同？爲何古滇國青銅文化的器型和範式不同於中原的殷商、古蜀的三星堆、北方草原風格，然而似乎又有所聯繫？爲何黃河流域和長江中下游的青銅文明繁盛時期早於雲南幾百年？它們與附近的文化圈有什麼樣的文化聯繫？本書擬就上述諸問題，通過文獻梳理、資料檢索、田野考察、實物對比，以及擬通過美術學、東西方美學、民族學、歷史學、考古學、比較文化學等學理框架，予以探討。而探討將重點聚焦在藝術風格和美學特徵等方面。儘量探究產生這些青銅雕刻的文化背景。另外，青銅雕塑審美帶來的文化背景研究也是本文必然要關注的難點。本文將以古滇國青銅文化爲主體，並借助完形心理學、圖像學、符號學、風格學的文藝學研究方法爲研究基點，來探討與雕刻文化相關的古滇國青銅器和青銅雕刻，它們爲何是權力、地位的象徵？並試圖回答由此而帶來的政治、宗教和與此相關的美學意義。期待由此引出更多的關於古代滇國文化的社會、歷史、自然信仰和現代美學以及藝術語言的交叉研究。本文突出美術學的研究主旨，試圖找出古滇國青銅雕塑與眾不同的整體語言特徵以及雲南遠古時代諸民族的文化根源。本課題的研究有益於提供地域美術史的研究資料，使研究內容觸及到新的美學內涵，也可能涉及到研究雲南古滇國青銅雕塑的文化內涵和功能意義，並且剖析各種文化內涵之間的關係，尋找不同文化交流對藝術風格的影響，解讀、闡釋古滇國青銅雕塑的美學內涵和現實意義。

國內外學者的研究成果

　　國內，汪寧生、尤中、張增祺、李昆聲、易學鐘、馮漢驥、李偉卿、姚中華、陳浩等先生對古滇國青銅文化有學術研究，他們的著作在本文的參考文獻中一一列出。其它有張光福、伍先華、李艾東、田小雯、胡月航、孫欣、侯波、吳敬等研究者的學術論文從工藝、造型、裝飾等方面進行過研究。

　　國外，有越南的鄭生，日本的白鳥芳郎、俵寬司、梶山勝，美國的邱茲惠、埃瑪‧邦克，法國的米歇爾皮‧拉佐理、M‧P 塞斯蒂文等學者從歷史學、社會學的角度對古滇青銅文化的研究。

第一章 雲南古滇國文明略說

　　雲南地理位置在中國西南部，坐落於雲貴高原，位於北緯 29° 以南，地處中印半島的基部，屬於低緯度地帶高原。雲南省全境東西最大橫距 855 千米，南北最大距離 960 千米。雲南省內多山，沒有大面積平原，山間多高原盆地，山間多大河和高原湖泊，眾多水系沿橫斷山脈生成，縱貫中印半島的大川大河多由雲貴高原南下。其包括：伊洛瓦底江水系、怒江水系、瀾滄江水系、元江水系和南盤江水系。還有整個江段奔流於雲南省地界內的金沙江，以及滇池、劍湖、洱海、撫仙湖等高原湖泊。這些高原水域孕育了雲南的人類起源和文明，也是自古以來亞洲東西南北文化相互交流的生命渠道。且不說那遠古的恐龍、猛獁象、雲南蟲；僅新石器時代，在雲南東西南北、河邊山谷留下的人類文明遺跡就展示了多元的文明起源。大江大河成為傳播古代文明的生命之線，也是文明之間相互交流的直接通道。

　　雲南古代文明的代表──青銅器，在雲南省管轄地域的東西南北，幾乎每一區域都有發掘出土，其分佈在滇西南地區、滇西北地區、滇南地區、滇東南地區、滇池地區、滇東北地區、滇東地區等幾個獨立又有聯繫的青銅時代文化區域中。在文化分期上，李昆聲 [註1] 先生把它們分為「雲南青銅時代早期文化；雲南青銅時代中期文化；雲南青銅時代晚期文化。」[註2] 本文的主要研究對象為今天雲南中部滇池地區的青銅文化，在歷史學上是指商代末

〔註 1〕 李昆聲先生，1944 年生，雲南古代歷史方向的專家，現為雲南大學考古研究
　　　　中心教授，博士生導師。
〔註 2〕 《中國雲南與越南的青銅文明》，李昆聲、陳果著，社會科學文獻出版社，
　　　　2013 年版，第 58 頁。

期至西漢晚期分佈在東到曲靖，西至安寧，南以元江為限之區域內（包括雲南滇池周圍和玉溪三湖地區）的一個青銅文化類型。本文重點研究青銅雕刻，主要著力於滇中的晉寧石寨山（戰國至西漢）、江川李家山（戰國晚期至東漢初期）和滇池東岸羊甫頭（戰國中期至西漢末期）、呈貢天子廟（戰國中期至西漢前期）出土的古滇國墓葬出土的青銅器。（時間限制為戰國至西漢，公元前 5 世紀～公元 1 世紀）在這個時間段裏，古滇國周邊有昆明文化、越文化、氐羌文化同時並存，而且這些文明相互之間有交叉來往。那麼，從今天研究的視角來閱讀，古滇國青銅器，到底為什麼會生發？是什麼緣由左右了它的審美？是什麼動因形成了其藝術特質？以至於古滇國青銅器在世界眾多青銅文明中能獨具一格？是何歷史原因導致了其不同的符號與視覺影響力？這類問題帶給了我們無限的吸引力。

圖 1-1　雲南青銅器分佈點

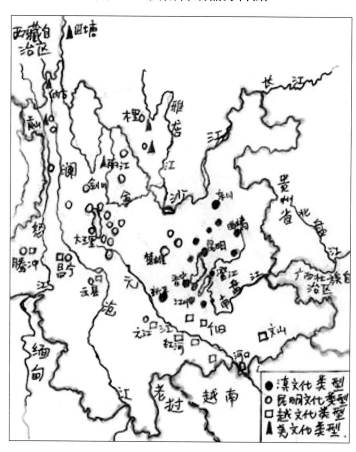

第一節　雲南古滇國地區人類文明的起源

　　雲南地處祖國的西南邊疆，這裡群山連綿，江河縱橫，雨水充沛，氣候溫熱，森林茂密。遠古時期是動物棲息的天堂，從遙遠的石器時代起，就有許多人類活動的痕跡，今天的考古學稱之爲文化遺址，而且從舊石器時代到新石器時代、到玉器時代、再到青銅時代，一個個實實在在的考古遺址，證實了雲南的古代文明是一條連貫的文明的完整脈絡。雲南邊疆的文明是華夏文明重要的組成部份。雲南的大江大河、湖泊山谷、高原平壩，養育了這裡的文明。

1.1 雲南石器時代文化與早期原始民族遺址分佈

　　雲南存在著遠古人類的遺跡。雲南地區在二十世紀六十年代發現的「元謀猿人」、「麗江人」、「西疇人」、以及 2009 年在昭通發掘的距今 600 萬年的古猿頭骨，都說明雲南與中國國內其它地區一樣，從遠古以來就一直有人類居住。有人類就有勞動、生息、繁衍。而在雲南省境內，舊石器時代直至新石器時代的文化遺址都有連續性，有路南（今石林縣）舊石器時代遺址、蒙

圖 1-2　雲南紅河地區出土的「蒙自人」頭骨及復原像

（距今約 14500 年前，作者拍攝於雲南紅河州博物館）

自馬鹿洞舊石器時代遺址、曲靖富源大河舊石器時代遺址；新石器時代文化遺址較豐富，其中有：滇中的官渡、晉寧、海源寺等十多處；滇西的大理、維西、劍川等；滇北的昭通、魯甸、元謀；滇南的景洪、滄源等，滇東南的文山、箇舊、蒙自等。以此可以窺見，石器時代的雲南境內原始氏族、部落群體遍佈。也可以從這些遺址出土的器物中，看到雲南境內原始族群的關聯以及一些與長江流域、黃河流域、華北地區、甘青高原、珠江流域等族群的聯繫和交往。這一現象，與春秋、戰國時期，亞洲民族的大遷徙活動有密切關係。比如，由於甘青高原和黃河上游匈奴的擴張戰爭，使得不願臣服的部份氏羌族群南遷，在橫斷山脈河谷區域居住下來；來源於南亞的「苞蒲」或「濮人」，部份在瀾滄江流域生活。滇西南出土的「大石墓」就是孟高棉民族的文化遺存；還有，「滇池區域發現的有肩石斧，是我國兩廣地區遠古文化之常見器物」〔註3〕。而東南沿海兩廣地區，正是古代百越常居的要地。可見，除了本地區自古就有的人類族群居住外，從新石器時代起，雲南就有來自西北和南方的族群混雜而居，而兩廣地區的百越民族，在青銅時代初期，就已經佔據了滇東南、滇南及滇池區域〔註4〕。

1.2 雲南先秦至兩漢時期的文化多樣性特徵

「大概在新石器時代晚期，雲南境內已經是一個多民族共同雜居區」〔註5〕；大理洱海區域、劍川劍湖周邊、昆明滇池周圍發現的新石器時代遺址中，有半月形多孔石刀、陶紡輪、半穴居式房屋、斧頭、箭鏃、魚鉤、網墜等，說明當時的居住族群在農業、漁業、手工業、畜牧業（狩獵）各方面的生產發展狀況。《史記》所記載的西南夷是指今天川西南、貴州、雲南地域內的各種少數民族。《史記·西南夷列傳》寫到，「西南夷君長以什數，夜郎最大；其西，靡莫之屬以什數，滇最大；自滇以北，君長以什數，邛都最大；其……外，西自桐師以東，北至葉榆，名為嶲、昆明；自嶲……以東北，君長以什數，徙、筰都最大；……皆氐類也，此皆巴、蜀西南外蠻夷也。」《華陽國志·南中志》中記載，「夷人大種曰昆，小種曰叟。」可見昆明族有許多部落聚居在自桐師以東，北至葉榆，今保山以東、大理州一帶。雲南東北部的昭通市灑漁河漢墓出土的銅印刻字「漢叟邑長」便是一例證。文獻和出土

〔註3〕 《雲南民族史》，尤中著，雲南大學出版社，1994年版，第4頁。
〔註4〕 《中國西南民族考古》，張增祺著，雲南人民出版社，2012年版，第111頁。
〔註5〕 《雲南民族史》，尤中著，雲南大學出版社，1994年版，第11頁。

實物的佐證表明，先秦兩漢雲南地區有屬於氐羌系統的僰族、昆明族、叟族、摩沙族居住；還有屬於百越系統的僚族、濮族、鳩僚居住；也有屬於孟高棉系統的苞蠻、閩濮居住。眾多族群的雜居帶來了生產的多樣性和文化的多元性特徵。以狩獵為主要生產方式的民族，面對殘酷的自然災害、面對動物的侵襲，會常常束手無策或者與野生動物進行搏鬥，所以，他們沒有規律地風餐露宿，運動無常、遷徙不斷；以農業為主的稻作民族有其個性的文化特徵：他們居干欄式的建築，運用與農耕相關的生產工具和與天地協調的宗教，遵循順應四季的衣食住行，恪守相對穩定的作息習慣等。當然，由於雲南特殊的地理複雜性，高山、峽谷、草甸、湖泊、壩子，還有民族混居互往，使得基礎經濟不是單一的農業或畜牧業、漁業，也會兼而有之。而氐羌屬於來自北方草原的馬上民族，由於游牧民族的流動性文化特點，其攜帶的文化基因自然少不了強悍張揚的力量顯現。特殊的地域條件包容了各族群的駐紮居住生活，良好的自然環境允許族群和諧雜居，族群的雜居毫無疑問地致使血緣變得複雜，血緣交融帶來了文明的碰撞，頗具地域特色的文化類型在此突顯。

1.3 古滇國文化概念的形成及界定

公元前十世紀左右，實際上滇池區域已經聚集了眾多族群居住，主體民族為古滇人，史學界觀點之一認為是古越人的一支，或者是滇僰。滇池周圍氣候潮濕溫潤，水草繁茂，土地肥沃，物種豐富，非常適宜於人類生產定居。到了戰國後期至西漢時代，已經形成獨立的「方國」——滇王國。《史記·西南夷列傳》寫到「滇王者，其眾數萬人。」

新中國建立以來幾十年的考古實物的大量發掘，尤其是青銅器的大量出土，以及滇王印的面世，證實了古滇王國的存在以及古滇國文明的高度。古滇國的疆域大致為：東到曲靖和玉溪，北到昭通，南到紅河、文山，西到楚雄，中部包括今昆明六區 11 縣市。古滇國不是突然出現的方國，它是本土世居族群攜帶著本土文明，延續了滇池區域新石器時代的文化脈絡的結果。從發掘實物看，古滇國文明是以晉寧石寨山為中心的，也就是以滇池南岸為中心，而四周都有青銅實物出土作為實證。如，江川、呈貢、富民、石林、昭通、箇舊，文山諸地都有為數眾多的墓葬群，墓葬內有數量繁多、類型多樣的陪葬物品，而青銅器是陪葬器物中最具有特色的，僅僅位於滇池南岸的晉寧石寨山古滇國墓葬群就出土了五千多件青銅器，而青銅器類型就有九十多

種。其中大墓葬為王族或貴族所用，青銅器陪葬品數量眾多。墓葬內發掘出
的品位極高、器型獨特的青銅器和風格特立青銅雕刻告訴人們，這裡曾經發
生過極為燦爛的文明。

圖 1-3　石寨山發掘現場

（作者拍攝於雲南晉寧石寨山遺址）

圖 1-4　石寨山考古遺址

（作者拍攝於雲南晉寧石寨山遺址）

　　學術界對古滇國文明的創造者有長久的爭議，他們各執一詞，有的説是
僰人的創造，有的認爲是氐羌游牧民族的創造，也有的認可爲濮人創造等。
而著名雲南青銅器研究專家張增祺〔註6〕先生認爲，古滇國的主體族屬應爲百
越，或者爲百越的其中一支佔據主流，氐羌、濮人和僰人參與其中。從古滇
國墓葬出土的青銅器裏出現的立體的典型建築、服飾、習俗、祭祀場面等透
出的信息來看，事實的確傾向於張增祺先生的觀點。

　　古滇國既然曾經擁有輝煌的文明，而且延續了幾百年的時間，那麼其應
該是多元立體的文明結構，然而，古滇王國的神秘消失留給了歷史完全的空
白。如果不是青銅器的發掘，今天的人們非常難以置信，一個地處西南邊疆
的小方國，居然在兩千餘年前就產生出了特別的深厚的文明底蘊。今天的研
究者對於古滇國文明的理解，只能憑藉青銅器物青銅雕刻世界展現的點點滴
滴，去尋覓文明基因的紐帶。也就是説，當人們追尋古滇國文化的身影時，
只有青銅器能夠全方位地展示出默默的光輝，這是一些直觀的、立體的形象，
沒有文字、更沒有聲響。它企圖向後人説明什麼呢？古滇國的概念，除了文
獻上的隻言片語，最直觀生動，最可看可觸摸的，就是從地下世界重現大地
表面的用青銅鑄造的歷歷在目的形象世界。

第二節　雲南古滇國地理與自然條件

　　古滇國位於雲南中部，坐落在滇中湖泊群沿岸，滇池、撫仙湖、星雲
湖等湖泊沿岸有肥沃的土壤和豐茂的森林牧場，這裡氣候潮濕溫和，夏無
酷暑，冬無嚴寒，古滇國坐擁優越的自然環境，得天獨厚，物產豐富，生活
舒適。

2.1 古滇國地區的地理狀況

　　雲南的地貌，以雲南元江谷地和雲嶺山脈南段的寬谷爲界，雲南全省大
體分爲東西兩大地形區。雲南東部爲滇東、滇中高原，稱雲南高原，屬雲貴
高原的西部，雲南平均海拔 2000 米左右。雲南西部以典型的高山、峽谷爲主
體地貌，地貌大勢受橫斷山脈控制，往南流入東南亞的江河多分佈於西部。
在雲南省起伏縱橫的高原山地之中，斷陷盆地星羅棋佈。雲南的這些盆地被

〔註 6〕張增祺先生，1936 年生，考古學家，雲南青銅器研究的專家，爲雲南省博物
　　　館研究員。

圖 1-5　古滇國地理位置

（▲古滇國墓葬遺址●地名）

本地人稱為「壩子」，地勢較為平坦，有河流通過，土壤層較厚，適合農耕，多為經濟發達區。雲南全省面積在 1 平方千米以上的壩子共有 1445 個，面積在 100 平方公里以上的壩子有 49 個，雲南最大的壩子在陸良縣，面積為771.99 平方公里。雲南名列前 10 位的壩子還有：昆明壩（763.6 平方公里）、洱海壩（601 平方公里）、昭魯壩（524.76 平方公里）、曲沾壩（435.82 平方公里）、固東壩（432.79 平方公里）、嵩明壩（414.6 平方公里）、平遠壩（406.88平方公里）、盈江壩（339.99 平方公里）、蒙自壩（217 平方公里）。其中有五個壩子就是古滇國文明發生的地域，它們是陸良壩、昆明壩、昭魯壩、曲沾

壩、蒙自壩。雲南九大高原湖泊中就有滇池、撫仙湖、杞麓湖、異龍湖、星雲湖和陽宗海屬於古滇國文化範圍覆蓋地。可見古滇國這個小方國在史料文獻中雖不起眼，但是佔據土地富饒非凡。滇池位於昆明市區南部，被譽爲「高原明珠」，是中國西南地區最大的湖泊、中國第六大淡水湖。湖泊面積 311.388 平方千米，流域面積 2920 平方千米，平均水深 5.12 米，最深處爲 11.3 米，蓄水量爲 15.931 億立方米。蓄水量 15.7 億立方米，海拔 1887 米，湖岸線長約 200 千米，屬水資源缺少地區，且年際變化大，存在連續豐水、連續枯水長周期變化的特點。現在滇池流域包括昆明市五華區、盤龍區兩城區和官渡區、西山區、晉寧縣、呈貢縣、嵩明縣五個郊縣區的 41 個鄉鎮，是昆明市居民最密集、人爲活動最頻繁、經濟最發達的地區。加之，滇中氣候受到來自印度洋季風的影響，四季無寒暑，屬於北亞熱帶、中亞熱帶或暖溫帶氣候區，5～11 月爲雨季，12～4 月爲旱季，無霜期 232 天，年溫差小，雨熱同季，光照時間長，日照充足，物產豐富，植物種類多樣，雲南幾乎集中了從熱帶、亞熱帶至溫帶甚至寒帶的植物品種。在全國約 3 萬種高等植物中，雲南已經發現了 274 科，2076 屬，1.7 萬種。酸性紅土壤，平均海拔在 1800m，低緯度、高海拔，自古爲農業、漁業、畜牧業混合的經濟生產方式。

雲南省地跨六大水系，具體說明如下：

太平洋水系：

1、長江水系：金沙江、龍川江、螳螂川（普渡河）、小江、以禮河、牛欄江、橫江、程海、瀘沽湖、滇池等，注入東海。

2、珠江水系：南盤江、曲江、可渡河、黃泥河、駄娘江、撫仙湖、星雲湖、杞麓湖、陽宗海、異龍湖等，注入南海。

3、元江（紅河）水系：禮社江、綠汁江、把邊江、阿墨江、李仙江、南溪河、盤龍江等，注入北部灣。

4、瀾滄江（湄公河）水系：漾濞江、威遠江、曼老江、南臘河、南覽河、流沙河、洱海等，注入南海。

印度洋水系：

5、怒江（薩爾溫江）水系：老窩河、枯柯河、南汀河、南滾河、南卡江等，注入安達曼海。

6、伊洛瓦底江水系：獨龍江、檳榔江、大盈江、瑞麗江等，注入安達曼海。

　　大江大河自古以來是人類文明交往與傳播的重要通道。雲南境內河流縱橫，湖泊眾多，形成肥沃的土地和富饒的立體生態，養育了河流文明和湖泊文明的興旺發展，是雲南文明發育的母體、雲南文明成長的搖籃。也牽引了本土文明與異域文明之間的互相融彙與交往。

2.2　古滇國地區的動物物種

　　雲南省幾乎集中了從熱帶、亞熱帶至溫帶甚至寒帶的植物品種。在全國約3萬種高等植物中，雲南已經發現了274科，2076屬，1.7萬種。植物品種的多樣滋養了眾多的動物種類，動植物共生共棲。主要特色物種：滇金絲猴、綠孔雀、小熊貓、蟒、亞洲象、抗浪魚、望天樹、跳舞草、麗江雲杉、橡膠樹、油棕、三七、馬尾松、雲南松等。雲南自古動物資源豐富，考古發掘出的動物化石群從玉溪帽天山的澄江蟲到昭通劍齒象再到祿豐恐龍，古滇國青銅器上出現了眾多的動物形象，除了古滇國人對動物的圖騰或神話外，還有就是古滇國的自然環境的確存在著多樣的動物物種，今天的雲南尚且是享譽世界的動物王國，目前全國動物種類3000多種，雲南占半數以上。雲南多樣性的氣候類型和複雜的地形地貌，孕育了多樣的生物種類，雲南的珍稀動物數量也位居全國之冠。雲南省內現在棲息有脊椎動物1900種，脊椎動物中，哺乳動物有300種，鳥類有903種，爬行類162種，兩栖類115種，魚類432種，昆蟲約7萬多種。許多動物在國內僅僅分佈於雲南。珍禽異獸如蜂猴、滇金絲猴、野象、野牛、長臂猿、印支虎、犀鳥等，均屬於國家一級保護動物；獼猴、灰葉猴、綠孔雀、小熊貓、熊猴、麝、穿山甲等屬於國家二級保護動物。更不用懷疑兩千年前的古滇王國森林密佈、水草豐茂，這樣的自然是動物的樂園，古滇國的動物有獸類：象、虎、豹、貊、犀、麝、野牛、金絲猴、長臂猿、西亞獅、藏獒、懶猴、斑羚、岩羊、大熊貓、大靈貓、麝鹿；爬行類有：象龜、鱷魚、穿山甲、蟒蛇、蜥蜴；飛禽類有：孔雀、犀鳥、鸚鵡、白鷳、雉雞、長鳴雞、鸕鶿、鷹、隼、雕等；水族昆蟲有：魚、蝦、海貝、蜈蚣、蜜蜂、甲蟲〔註7〕。

　　雲南也是一個巨大的天然地質博物館。祿豐縣的早期侏羅紀地層中曾出土大量蜥腳類恐龍化石，留存較為完整，現已在縣城建成恐龍博物館供遊人參觀。另外，滇中澄江縣的帽天山更是地質界中的「明星」，因為這裡出土了

〔註7〕《雲南野生動物》，徐志輝著，雲南教育出版社，1999年版，第6～11頁。

數量眾多、種類豐富、留存完好的寒武紀多細胞生物的化石，有力地證明了「寒武紀生物大爆炸」的存在。昆明市東川區也是全國聞名的「泥石流博物館」，早期這裡因爲大規模不科學地開採銅礦，再加上氣候、地形等原因影響，形成了較大規模的泥石流頻發地段，泥石流現象比較典型。

2.3 古滇國地區的冶銅史略

　　雲南不僅是著名的生物王國，也是著名的有色金屬王國。雲南被稱爲「有色金屬王國」。雲南已發現各類礦產 150 多種，探明儲量的礦產 92 種，其中 25 種礦產儲量位居全國前三名，54 種礦產儲量居前十位，居全國首位的礦種有鋅、石墨、錫、鎘、銦、鉈和青石棉。雲南礦產資源共有 9 大類：黑色金屬礦產、能源礦產、有色金屬及貴金屬礦產、化工非金屬礦產、稀有及稀土礦產、特種非金屬礦產、冶金輔助原料礦產、建材非金屬礦產及彩石礦產等。雲南礦產具有種類多、品種全、分佈相對集中、富礦優質礦儲量所佔比重較大、共生伴生組份多等特點。全國 162 種自然礦產中雲南就有 148 種，其中銅礦、錫礦等有色金屬礦產產量居全國前列〔註 8〕。在戰國到西漢時期，古滇國的青銅製造技術和製作工藝已經獨立於同行行業，形成特別的文化系統，這裡的冶銅業發展較早。2013 年 5 月，昆明市東川區海拔 1300 米的地域發現戰國前期青銅冶煉聚落遺址，此爲古滇國文化起源考古的重大發現，東川自古以來是中國銅礦貯藏富裕礦區，此冶銅遺址的發現發掘說明滇中銅業冶礦歷史的久遠。而早在 1987 年，我國著名冶金史專家金正耀先生應用同位素比值檢測法，測出商代晚期婦好墓出土的部份青銅器，就來自東川礦區，另一名雲南專家李曉岑先生也通過地質研究的 684 個鉛同位素比值數據，發現還有來自昭通、巧家、新平等雲南的礦物成分，不僅僅限於婦好墓，商周中原許多大墓的青銅器原料也有來自云南地區的，此爲銅礦、錫礦；〔註 9〕《漢書・地理志》有「賁古，北采山出銅錫，南烏山出錫」，賁古即今雲南南部蒙自、箇舊一帶。除了東川外，還在安寧、箇舊、嵩明、玉溪都發現冶煉遺跡，結合出土銅器鑄範和青銅器實物研究，可發現古滇國青銅器的工藝製作方法有一套系統成熟的流程，比如，範模鑄造法的製範、澆鑄、修飾過程，夯築範鑄造法，空腔器物鑄造法，套接鑄造法，失蠟法等。後續加

〔註 8〕　《雲南「三大王國」的由來》，《雲南檔案通訊》1986 年 01 期。

〔註 9〕　《滇萃——雲南少數民族對華夏文明的貢獻》，張增祺著，雲南美術出版社，2010 年，第 86～99 頁。

工有鎏金、鍍錫、金銀錯、鑲嵌、彩繪、線刻〔註10〕。難以想像，兩千年前的西南邊疆小方國會有如此細膩的金屬工藝流程和高度詳微的技術技巧，而且，古滇國青銅工藝的科技含量和藝術效果可以說是那個時代方國之間的最高水平，尤其是線刻技術和鍍錫工藝。

探索中國文明的起源，需要從考察新石器時代末期，銅石並用時代中孕育的各種文明要素的起源與發展談起。這些要素有青銅冶鑄技術、文字的發明與改進、乃至「城市」和「國家」的起源等內容。古滇國雖然沒有文字保留下來，但是從青銅器、「城市」、「國家」，以及紡織技術的留存來看，說明了古滇國文明的源流與走向。它雖然沒有通過文獻或政體被系統地一脈相傳，但今天的民族學學者卻在雲南人類學的研究中，發現了古滇國文明中的大量民族文化的基因。它們作為無可代替的雲南地域文化的人文背景和「自然條件」，鋪墊出了古滇國所擁有的奴隸社會文明的前奏。通過現代考古學和社會學點點滴滴的研究，古滇國文明的來源和線索基本清晰，在它之前的雲南遠古文明起源、舊石器時代、新石器時代的連接線索已經清晰明確，這更加豐富了中華民族文明的內涵。今天，在五十六個民族的文化基因的交融後而構成的華夏文明中，雲南就擁有著二十五個少數民族和諧居住！其民族文化共存的現象值得深入探究。

圖1-6 紅河流域新生代動物化石

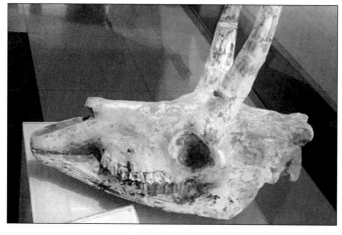

（作者拍攝於雲南紅河州博物館）

〔註10〕《滇文化》，張增祺著，文物出版社，2001年版，第66～74頁。

圖 1-7　黑馬井 8 號墓發掘現場

（作者拍攝於雲南紅河州博物館）

圖 1-8　石範

（劍川沙溪，戰國，作者拍攝於雲南省博物館）

第二章　雲南古滇國青銅藝術產生的
文化源流

古滇國青銅文化，從青銅的冶煉技術、製作工藝、到青銅器和青銅雕刻表達的內容和藝術水準以及其期望達到的超乎人類功能的用意，都透露出了古滇文明是個內涵豐富的文明，是多重文明融合互補的結果，它彙聚了許多優秀文明的代表性成果，擁有寬厚的包容性。因此，古滇國青銅文化才可能特別具有個性地出現在世界青銅文化的行列之中。雲南自古以來，因爲民族的大量混居，必然會有民族融合的現象。考古發掘的眾多古滇國青銅器表明，兩千年前古滇國文明所達到的高度，透過青銅文化可見一斑。而它的形成是在古滇國特殊的地理位置上，多種文明交匯後形成的特殊的文化現象，古滇國青銅文化展示的奇異文明，來源於豐富的文化滋養，其文化源流的深厚和多元，在青銅藝術中反射出來，立體交織，也許只是冰山一角，希望有諸多對於古滇國文化的研究，來揭開它的神秘面紗。

第一節　文明的源頭與輻射

據考古材料〔註1〕證實，雲南地區的居民，從石器時代開始就相互往來。同時，歷史上一直都有來自東西南北的居民到雲南居住，他們攜帶來了多樣的文化元素。這首先緣於大江大河帶來的通道的方便，使得各個族群、各種文化之間的交往頻繁。而得天獨厚的自然環境也導致不同族群之間能夠相安

〔註 1〕《中國西南民族考古》，張增祺著，雲南人民出版社，2012 年版，第 1 頁。

而居,因此,不同類型的文明可以在這裡彼此交匯,增添了雲南本土文明的營養元素。古滇國地處滇中,剛好在文明融合的中心地帶,更是文明交融的樞紐之地。

1.1 來自中原地區商周文明的傳佈

有材料〔註 2〕證實,地處河南省安陽的商代婦好墓的青銅器的銅錫原料,來源於雲南東川、箇舊地區。考古學界已經證實,雲南地區出產的銅錫材料自古就有幾條交通線路可以運到黃河流域。其中一條最近的,也是最繁忙的線路是陸路:由昆明到貴州的鎮遠,再由水路運到湖南常德、湖北荊州,從而使兩湖地區成為青銅原料的集散地,因此再到中原各地〔註3〕。這說明雲南自古以來就與長江、黃河流域有頻繁的交往。雲南地區富有銅錫礦,為青銅器的繁榮發展創造了良好的先天條件。而事實上,在古滇國青銅器的製作技法和其中出現的諸多形象符號中,也有可見的商周文明的影子。比如,青銅器的諸多鑄造法,空腔器物鑄造、套接鑄造、失蠟法的使用等,商代祭祀器物標誌性圖像獸頭:大張口與人頭並置,便是典型例證。而古滇國青銅器物上也有類似的線刻,但是不如商代圖像那樣精工製作、那樣完美、那樣程序化。

1.2 與草原文明及多民族文明的交融

雲南西部和西北部地區,從春秋以來便遷徙進了大量的來自甘青高原的氏羌部族,他們沿江自北向南而下;有的從川南大涼山南渡金沙江而達;雲南西部的伊洛瓦底江、怒江、瀾滄江、元江、金沙江都是自北向南流向的河流,這些游牧民族在高山峽谷間生產生活,一開始是沿襲了祖先的生活方式,狩獵和畜牧,慢慢適應了當地的地理和氣候。開始有農耕和漁業的生產方式,現在雲南居住的藏族、納西族、怒族、普米族、傈僳族、部份彝族都是來自氏羌族群的後代。多數歷史學家認為雲南有白馬羌、白狼羌、犛牛羌等,雲南民族史學家尤中先生也認為僰族、昆明族、叟族和摩沙族都屬於氏羌系統的民族。早期的氏羌文化遺存,可以追溯到新石器時代的考古出土器物中,如雲南西部的昆明人的墓葬中出土了大量有肩石斧、螺旋紋柄青銅劍

〔註 2〕 《由商周青銅器文化看中原文化與域外文化的交融》,葛臻明文,《中共鄭州市委黨校學報》2010 年第 5 期,第 113 頁。

〔註 3〕 《滇文化》,張增祺著,文物出版社,2010 年版,第 66 頁。

〔註4〕；證明族群與氐羌系統民族的聯繫。滇西北地區石棺墓文化的來源，應該與白狼羌族群有文化聯繫，從石棺墓出土的文物推斷，他的主人是最早進入雲南西北部的北方游牧民族；汪寧生先生論證過納西族「東巴教」祭祀儀式所用的木牌和圖像，與甘肅省考古遺址出土的「人面形木牌」多有相似，說明納西族與古羌人的同源文化〔註5〕。另有雙環首青銅短劍、曲柄青銅短劍，這些從古滇國大墓裏出土的青銅器也是與北方草原文化聯繫的例證。還有，有關民族交融的人類學調查像一個活化石，也記錄了人類遷徙的痕跡。今天雲南省麗江寧蒗縣瀘沽湖邊生活著的摩梭族依然保持了母系氏族的社會基本形態，靠無婚姻聯繫的走婚為社會基本關係，即家庭有舅舅和阿媽，而沒有父親的「阿注婚」。麗江納西族信仰的東巴教，也是青藏高原原住民族信仰的古老苯教在滇西北民族中的遺存。

　　滇西和滇西北的氐羌後人，在當地與來自四面八方的其它族群形成了新的民族群體，向東也有與古滇國居民混居的情形。在秦、漢時期，史書所記載的「西南夷」，就滇池區域而言，有僰人、昆明人、百越、叟人居住，其中僰人、昆明人、叟人都是氐羌部落的後裔。這就難怪古滇國青銅文化有北方草原民族的痕跡。比如銅鼓，有的學術觀點認為其起源於北方游牧民族的行軍、游牧期間用的大鍋，原來是煮食用的器具，慢慢變形為祭祀或愉悅用的樂器。祭祀重器，北方為鼎，南方為銅鼓，二者皆具有神聖的宗教符號指向；再比如以青銅鑄造的武器和古滇國大墓出土的動物紋扣飾，與西北、遼寧、內蒙出土的青銅武器和銅扣飾牌在形式上非常類似，具有斯基泰文化〔註6〕的特徵。又如前述，雙環首青銅短劍，銅啄、有翼虎銀帶扣以及牛、虎、水鳥、孔雀等動物紋飾牌等。這些具有北方草原文化特色的青銅器物，雖不是直接來源於北方草原文化或斯基泰文化，但它是經過長久的「外來」文化與本地文化融合後形成的、民族風格濃厚的古滇國青銅文化。李零在「讀《劍橋戰爭史》」一文中寫到，歷史上的「蠻族」，很多都是「騎馬民族」，其興也勃焉，其亡也忽焉，……古代狩獵、畜牧和農耕，表明了生態分佈的差異，中間有很多過渡層次，所謂「騎馬民族」實為游牧民族、狩獵民族、半耕半牧和半

〔註4〕　《中國西南民族考古》，張增祺著，雲南人民出版社，2012 年版，第 20～25頁。

〔註5〕　《納西族源於羌人之新證》，汪寧生文，《思想戰線》1981 年第 5 期。

〔註6〕　《歐亞大陸早期游牧文化的幾點思考》，烏恩文，《考古學報》2002 年第 4期。

獵半牧民族的混稱。「蠻族」對溝通世界貢獻最大，貿易是如此，軍事是如此，宗教和文化傳播也是如此。李零先生的這些觀點，或許對於古滇國文化民族融合的現象的理解有所幫助。

圖 2-1　古滇國鍪戈

（西漢，長 27 公分，作者拍攝於雲南省博物館）

1.3 百越文化的燦爛之光

越人，是居住於長江流域以南的古老族群的總稱。因為部落眾多，統稱百越，他們圖騰龍，依水而居。古越人與「少康之後」的越人不是同族。越又稱為百越族，是居於現今中國南方和古代越人有關之各個不同族群的總稱。文獻上也稱之為百粵，其分佈甚廣，內部「各有種姓」，雜居相處於現今中國南方各地。在中國歷史上，整個廣大的江南之地，即所謂「交趾至會稽七八千里」，在秦漢以前都是百越族的居住地。越即粵，古代粵、越通用。夏朝稱「於越」；商朝稱「蠻越」或「南越」；周朝稱「揚越」、「荊越」；戰國稱「百越」。現在居住在中國南方屬於壯侗語系和苗瑤語系的各個民族，不論是在語言上，或者是在文化習俗上，都與古代的百越族有一定程度的淵源關係。此外，也有某些學者認為，居住在現今中南半島的一些民族，比如說泰國的泰族、老撾的佬族、緬甸的撣族、越南的京族和芒族、甚至屬於南島民族的臺灣原住民，也都和百越族有相當程度的密切關聯。「自江以南則曰越」。在此廣大區域內，實際上存在眾多的部、族，各有種姓，故不同地區的土著又各有不同的名稱，或稱「吳越」（蘇南浙北一帶）、或稱「閩越」（福建一帶）、

或稱「揚越」（江西湖南一帶）、或稱「南越」（廣東一帶）、或稱「西甌」（廣
西桂江一帶）、或稱「駱越」（越南北部和廣西南部一帶），等等。因此，「越」
又被稱爲「百越」。百者，泛言其多。在古代雲南，越人分佈挺廣，但主要是
在洱海和滇池以南地區，即北緯 25° 以南，《史記‧大宛列傳》說「昆明……
其西千餘里有乘象國，名曰滇越。」此「滇越」在今騰沖一帶，唐代稱「騰
越」，爲越人分佈區之一〔註7〕。《華陽國志。南中志》記載「永昌郡，古哀牢
國……。其地東西三千里，南北四千六百里，有閩濮、鳩僚、僄越、裸濮、
身毒之民。」這是描述今雲南保山一帶的民族雜居情形。其實在今雲南文山、
紅河、滇池區域、西雙版納、思茅、臨滄、德宏等地，都是百越民族的聚居
地，那麼，今天的壯族、傣族、布依族、水族等都是越人的後裔。古代越人
是稻作民族，古代文獻描述越人「項髻徒跣，貫頭而著」、「斷髮文身」、「居
干欄」、「習於水鬥，便於用舟」、「貴銅鼓」等，精闢的紀錄，說明古越人的
生活環境和生存狀態以及古習俗。

　　而實際上，從雲南省中部古滇國地域內出土的新石器時代的石器，到戰
國、秦漢時期的代表性器物和遺跡，可以看到百越文化在這一區域的發展線
索和上下脈絡。考古出土的人類文化遺跡有：貝丘遺址，有肩石斧，有段石
錛，有印紋的軟陶和硬陶，稻穀土層的遺跡等等。滇中滇池周邊的考古遺址
中的小山土層都有大量螺蠣殼堆積物，其中夾雜陶片和殘損石器，這是貝丘
遺址。有趣的是，現在的昆明市區老城還保持了螺蠣灣的地名，民國前爲臨
近滇池北岸的碼頭。昆明西邊王家屯貝丘遺址中還發現成排木樁，樁上多有
榫口，張增祺先生認爲是一種「干欄」式建築遺存。滇池周圍出土的有肩石
斧與廣西甌駱越文化出土的楔形有肩石斧相似，爲磨製石器，還有大量梯形
石斧和石錛，也爲磨製石器。百越民族是最早的亞洲的稻穀栽培者之一，1988
年我國考古工作者又在湖南澧縣彭頭山發現了更早的碳化稻殼遺跡，距今年
代爲九千年至八千年。後來，考古工作者又發現了距今約一萬年的湖南道縣
玉蟾岩的人工栽培水稻。現今中國從東南的福建、臺灣到地處西南邊疆的雲
南，向北到江西、南到海南都有普通野生稻的分佈。中國廣泛分佈的這種普
通野生稻與中國種植的普通栽培稻的親緣關係很近，同具 24 條染色體，可雜
交和產生可育後代。也有學者認爲雲南是最早種植水稻的地區之一，今天雲
南的許多少數民族依然保持了古老的種植水稻的方式，比如春耕、插秧時必

〔註 7〕《中國西南民族考古》，張增祺著，雲南人民出版社，2012 年版，第 109 頁。

須進行歡歌和舞蹈，就是古代春種祭祀的延續。哀牢山區和紅河谷的哈尼族、彝族和傣族都保存了水稻梯田及稻穀文化傳統，僅僅紅河州元陽縣就有梯田19萬畝之多。1300多年歷史的梯田乃農耕文明的活化石（因此被聯合國教科文組織列入了《世界文化遺產名錄》）。

稻穀文化的聯繫也是百越文化與古滇國文化之互往的例證；戰國、秦漢時期，戰爭頻繁，尤其是秦國一統東方六國，秦始皇建立了南海、桂林、象郡，征服了西甌，東甌、甌越和駱越，使得長江流域和閩粵之地的越人被迫西遷，也攜帶來了越人族群的文化。雲南出土的青銅器主要是銅鼓和靴形銅鉞，銅鐘銅鼓與百越文化器物有關聯，其中紋飾、用途也基本一致。兩廣以及越南北部等百越民族分佈區域內出土了大量青銅鉞，羊角鈕鐘與雲南青銅鉞、羊角鈕鐘有著同一的樣式和同樣的祭祀文化功能。

從文獻、考古實物和人類學研究成果提供的線索，我們可以肯定古滇國自古以來就接受了來自不同族群的文明元素，只有在有相當的成熟的文明的土壤裏，才會產生古滇國成熟的青銅文明。古滇國青銅文明的形成應該不是小範圍內文明的延續，而是多種文明源流的營養澆灌之結果。

第二節　雲南古滇國盛開的文明之花

雲南境內的文明遺址都位於江河岸邊和湖泊周圍，著名的金沙江、紅河、瀾滄江、滇池流域，沿岸衝擊出來的壩子和平原，都是雲南本土文明豐厚的沃土。今天科學考古已經證實的文化類型數不勝數，比如，金沙江流域的元謀人、麗江人，紅河流域的蒙自人，珠江流域的西疇人等，以及以此生發的劍川海門口文化、瀾滄江畔的芒懷文化、紅河流域的紅河文化等，夯實了戰國、秦以後古滇國文化發展的基礎。

2.1 青銅時代的民族往來

約距今3000年左右，紅河流域進入了青銅文明時代。迄今為止，在整個紅河流域都有青銅器發現，上游的元江沿岸和中下游紅河州十三個縣市從箇舊石榴壩、黑馬井、蒙自鳴鷲、紅河小河底等遺址出土的青銅雕塑造型生動，工藝精湛。其中典型代表有萬家壩型銅鼓、柳葉形矛、曲刃矛、起翼戈、銅鉞、銅斧、銅鋤等。紅河流域青銅文化的典型器是靴形鉞（不對稱鉞）、細長鋬橢圓刃鉞、有肩的弧刃和刃長條形鋤、尖葉形矛，以及銅鼓、羊角鈕銅鐘

等，與江川李家山、晉寧石寨山出土的典型器物相似；靴形青銅鉞多見於我國湖南、兩廣、江浙地區及越南北部地區，而羊角鈕鐘也是只在現在兩廣、雲南和越南北部出現，但不曾見於長江以北地區。我國考古學界普遍認為它是古代百越文化的遺物，此類器物在紅河流域的出土，說明它們和百越系民族有著密切聯繫。

圖 2-2　紅河流域銅斧

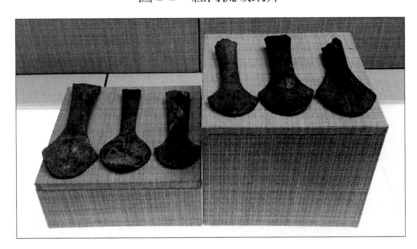

（西漢，作者拍攝於雲南紅河州博物館）

圖 2-3　有肩銅斧

（西漢，作者拍攝於雲南省博物館）

銅鼓是中國古代南方少數民族及東南亞地區最具代表性的器物，史學界有「北鼎南鼓」之說。銅鼓面上有羽人舞蹈、祭祀、捕魚等寫實畫面，這是銅鼓發展成熟期的表徵。公元前5世紀到公元1世紀，中國雲南、廣西和越南北部都成為當時銅鼓的主要流行地區。東南亞銅鼓產生的年代約是東南亞原始社會後期，其銅鼓上的太陽紋、鳥紋、羽人紋等主要紋飾與中國南方銅鼓的紋飾十分相似或相同，這說明在新石器時代，今天中國雲南的滇中古滇國管轄地域內與今天東南亞國家的眾多民族間就已經有了交流和往來。中國古代銅鼓研究會原理事長蔣廷瑜說，銅鼓是遠古時期中國與東南亞文化交流最有說服力的證據之一。就目前所知，越南、泰國、老撾、緬甸、柬埔寨、印尼、馬來西亞、新加坡等國都曾經鑄造或使用過銅鼓，有的國家、有些民族至今還在使用銅鼓〔註8〕。

在古滇國墓葬遺址出土的青銅雕塑中出現了有許多氐羌民族裝束的人物，有圓雕、浮雕、線刻，最具代表性的是「納貢場面貯貝器」（見圖2-6）上的一組納貢的昆明人、「戰爭場面貯貝器」蓋上的騎士形象及裝束，

圖 2-4 靴形鉞

（西漢，高 12.2 公分，
作者拍攝於雲南省博物館）

圖 2-5 萬家壩銅鼓

（春秋，高 39 公分，面徑 41 公分，
作者拍攝於雲南省博物館）

他們高鼻子、圓眼睛、長鬍鬚、緊身短衣長褲，腰挎佩劍，背蘿挎在頭部，似是來自洱海地區的昆明人。尤其是騎士和戰士們的鎧甲和頭盔樣式，與氐

〔註 8〕《銅鼓文化》，蔣廷瑜著，文化藝術出版社，2012 年版。

圖 2-6　納貢場面貯貝器

（西漢，通高 39.5 公分，胴徑 127.2 公分，作者拍攝於雲南省博物館）

羌草原游牧民族的裝束一致。這兩組貯貝器承載的青銅群雕都從晉寧石寨山古滇國王族墓裏出土，還有江川李家山古滇國王族墓地出土的「三騎士貯貝器」，三騎士的形象和武士鎧甲、姿態，有明顯的游牧民族特徵，這類貯貝器以及其蓋上的青銅圓雕群像，顯然是誇耀古滇國統治者的文治武功，對周邊各族統治的王威。上文講到，雲南有考古發掘證實，氐羌民族最晚在先秦時期，就因爲黃河中上游的戰爭而遷徙到雲南西部，到了秦漢時期已經在雲南幾個小方國散開居住，戰爭和遷徙可以攜帶文化因子的融入自然是不言而喻的。環繞滇池區域的古滇國是當時勢力較爲雄厚的方國，其中，以戰爭的方式彼此征服他國是奴隸社會時代的常事，另外，也有古代貿易的交往或異族的通婚帶來的民族融合。在古滇國的西面的洱海流域，是赫赫有名的昆明國，古滇國和昆明國的戰爭也相當頻繁。《華陽國志·南中志》說，「夷人大種曰昆，小種曰叟，皆曲頭木耳，環鐵裹結。」尤中先生在《雲南民族史》裏認爲，昆明人是雲南的土著民族，新石器時代活動於怒江、瀾滄江河谷，後來主要居住在洱海周圍和哀牢山脈的群山中。而滇池周邊，在秦漢時也有不少昆明人聚居，此時的昆明人已經混入了來自氐羌血統的氐人。這時，昆明人是以畜牧業和農業爲主的混合生產，早就擺脫了「隨需遷徙，毋常處」、「夏處高山，冬居深谷」的游牧生活狀態。除此之外，古滇國還有僰人、濮

人混居。古滇國的居民裏面應該是在滇池區域原住居民的基礎上，融合了來自四面八方的各類族群，不斷滲入新鮮族群，逐漸形成多元文化，牢固文明基礎。

2.2 雲南古滇國民族融合的現象分析

如前所述，越人是指長江以南居住的古老民族。古代雲南就已經有越人聚居，分佈在今雲南省的東部、東南部、元江中下游和瀾滄江中部流域，古滇王國的主要統治者是百越系統中的民族，這可以從古滇國區域出土的大量青銅人物的服飾、相貌、習俗、建築、宗教諸方面判斷越人是上層階級；而同時混居的其它民族如僰人、濮人、昆明人、嶲人等應為被統治者。關於古滇王國的統治者及其族屬，學術界有不同見解，有的觀點認為《史記》上記載的「莊蹻王滇」帶來大量楚文化，可是整個雲南出土的青銅器中沒有太多楚文化的符號影子；有的觀點認為石寨山的主人是西北地區遷來的氐羌游牧民族，或者是昆明（昆彌）；還有觀點認為是濮人創造了古滇國文明等等。其實在當時的古滇國及其周邊的方國中，以上這幾種族群混居的現象都是存在的，應該說古滇王國幾百年的存在，其文明並不是一種單一文化發展的結果，尤其是古滇國的青銅文化，從青銅的冶煉技術、製作工藝、到青銅器表達的內容和藝術水準，以及其期望達到的超乎人類功能的用意，都透露出了這個內涵豐富的文明是多重文明融合互補的結果，它具有強大的包容性。因此，古滇國青銅文化才可能特別突出地出現在世界青銅文化的行列之中。雲南自古以來，因為民族的混居，必然有民族及其文化融合的現象。雲南其實到今天也是多種族群和諧共居的樂土，許多少數民族還保留了依稀可見的、千百年以前的建築樣式和服飾裝飾乃至生活習俗等，例如百越系統的後裔中的傣族、壯族、水族；氐羌後裔的摩梭族、納西族、普米族；百濮族群後裔德昂族、佤族、布朗族；昆明人的後裔彝族、白族、哈尼族、撒尼族。（哀牢山中有種臘魯族，筆者採訪時，詢問他們是否是彝族、哈尼族，他們說不是，他們是臘魯族）。他們與哈尼、傣族、彝族都是鄰居。可能是北方游牧民族的後代，多數人都是高鼻子、深目，黝黑的皮膚，服飾喜黑、青藍，裝飾以繡花；而服飾又像羌人，羌族和彝族的服裝款式、繡花圖案又特別接近，所以，繡花圖案的符號中，或許暗藏了民族遺傳的血緣關係。另外，葬俗也是反映民族文化淵源的符號之一。「風葬」是鄂溫克和鄂倫春族古老的喪葬方式，即把

棺材或屍體置於野外的木架上，使其自然風化。風葬的棺木有木板做的，也
有柳條編的，更原始的則用樺樹皮或葦子包裹屍體。另外，雲南西雙版納的
基諾族對非正常死亡的人也採用風葬。在墳地搭一木架，置棺於上，任風吹
雨打，腐爛為止。無獨有偶，在雲南哀牢山中段瀕臨紅河谷的新平縣建興鄉
的彝族支系臘魯人，也盛行「風葬」習俗〔註9〕。這些人類學的研究原點和些
許的習俗符號，都可以引導研究進入更寬的視野。

第三節　雲南古滇國青銅雕塑中的形象分析

　　古滇國墓葬中出土的青銅器和青銅雕刻，有大量的青銅人物雕像，這些
青銅雕像十分清晰地塑造了居住在古滇國的不同的族群人物形象。著名的
「納貢場面貯貝器」蓋上有一組圓雕的人物群像，雕塑了裝束特別、形象不
同、神態各異的各族納貢人物。這組青銅人物圓雕生動鮮活地記錄了去古滇
國進貢的各個族群代表，在路途中行走的狀態。這樣的場面內容在中原王朝
的繪畫中有類似描寫，頗似唐代閻立本的《職貢圖》表達的用意，其製作的
功能似乎有相同之處，或為統治者的好大喜功、或是原生態的史實記錄，所
不同的只是材料和形式而已。明顯有不同者，青銅圓雕的納貢人物是置於特

圖 2-7　納貢場面貯貝器

（西漢，通高 39.5 公分，胴徑 127.2 公分，作者拍攝於中國國家博物館）

〔註 9〕　《哀牢山中部彝族臘魯人的風葬習俗》，楊建龍、王國旭、楊高洪，《尋根》
　　　　　2010 年第 5 期。

殊的貯貝器蓋上，帶有一定宗教意義，此器出土時蓋面雖已殘缺，但蓋面上
圓周一圈人物圍著的場面依然逼眞，他們彷彿緩緩而行，十七個人，可根據
髮型、服飾分爲七組，有濮人、嶲人、昆明人，他們牽著羊馬、身背背蘿，
肩扛多種寶物行走在納貢途中。古滇國大墓以此內容陪葬，一方面說明古滇
國王靠征戰掠奪財富的方式，另一方面也證實了古代王朝統治者統治的野
心，和以此爲勝利者的紀念心理。

　　歌頌戰爭功績的「三騎士像貯
貝器」，（見圖 2-8）其蓋上的騎士戴
頭盔，全身鎧甲，騎著高頭大馬。
作戰過程中，與敵人激烈戰鬥，有
一騎士激戰後摔下馬背，在地上似
立即翻身而起繼續與敵方對抗，頭
盔甩落在地。這些騎士的戎裝好像
來自氐羌游牧民族的樣式，而被打
敗的敵人則似爲昆明族，騎士形象
高鼻、圓目，善於騎馬征戰者應爲
游牧民族之長項，故而判斷古滇王
國可能收留了來自北方的馬上民族
爲自己軍隊的主力。今天，古滇國
故地玉溪市博物館門前廣場上的雕
塑，把三騎士貯貝器放大爲城雕，
更見其馬上征戰的威武之氣。

圖 2-8　三騎士像貯貝器

（西漢，高 45.5 公分，面徑 40 公分，
作者拍攝於雲南江川李家山青銅器博物館）

　　記錄生產和祭祀場面的「紡織場面貯貝器」上的女性人物象，其中，尺
寸較大的女性人物可能是貴族或巫師。雕像通身鎏金；髮型爲銀錠髻；身著
寬大長袍；面部高鼻子，圓目，頭上揚，高傲威嚴。其後有侍從撑傘，傘已
經脫落。周圍小尺寸銅雕人物有托盤和紡織的婦女形象，髮式有螺髻、盤
髻、辮髮、側髻、螺旋狀高髻、馬鞍髻等，這些勞作的女性皆衣著緊身上
裝，有的短裙（頗似今天的佤族服裝），有的長裙（形似今天的傣族服飾），
更有多數人物爲披毯者，（這種披肩背披毯的方式在昆明附近尋甸〔註10〕的白
彝服飾中仍然存在）。貯貝器的中部，托盤者之間俯臥著一豬或狗；侍從盤中

〔註10〕地名，位於現在昆明市北部的一個縣。

盛有整魚和整雞。貯貝器腰部有圓雕飛舞狀的孔雀四隻。這個場面不應該是純粹的勞動過程記錄，它好像是突出著紡織在古滇國社會中佔據的重要的地位。這個場面連同貯貝器器身整體，該是祭祀與勞作同時「記錄」的雕塑表現。

「二人盤舞鎏金扣飾」，兩男子，高鼻、深目、頭後挽小髮髻，著緊身衣褲，束腰帶，佩劍，應為祭祀舞蹈之狀。（如今滇中哀牢山脈谷地花腰彞還常跳煙盒舞，與此舞蹈極其相似，為節日祭祀慶典、春耕勞動必跳之舞蹈）

以上例舉的幾個青銅器作品中出現的青銅雕塑人物形象，均來自不同的族群，展現了古滇國民族雜居的歷史史實。可以與少有的文獻記錄對應起來分析，比如，《史記‧西南夷列傳》有「莊蹻王滇」說，《竹書紀年》有「岷山莊王」亡國南逃至滇池建國之描述。《華陽國志‧南中志》記載「興古郡，建興三年（225 年）置，屬縣十一，……多鳩僚、濮。」而昆明人世代聚居洱海區域是比較清晰的。青銅器上的雕塑人物留下的可見、可觸摸、眼見為實的直觀的形象、裝束、場景等，和文獻對應分析，可以印證古滇國時期外來族群和文化的確有大量融入的事實。

如今滇中出土的青銅器來自於晉寧石寨山、江川李家山、呈貢天子廟、滇池北岸下馬村、滇池東岸羊甫頭等地的古滇國大墓裏的陪葬品。它們都有一整套的頗有規制的金屬製品作為陪葬。比如晉寧石寨山六號墓隨葬品有金器銀器和銅器，青銅器就有國之重器貯貝器、編鐘，以及各式侍從銅俑，矛、戈、劍、戟、刀、斧等各種武器，有精美的生活用具釜、薰爐、銅鏡等；還有最具說服力的「滇王之印」金印的出土。且不說兵器、編鐘們的華麗製作，僅就「滇王之印」而言，足以說明大墓主人的身份以及隨葬品的制度規格之高。江川李家山大墓出土的隨葬青銅器雖然沒有金印之類，但是多個墓葬裏的隨葬品中都有裝滿貝殼的青銅貯貝器。考古學專家論證了這些貝殼來自於遙遠的印度洋，而不是本地湖泊沿岸的產物，說明貝殼的珍貴，或者它是財富的象徵或實物。這也是古滇國與印度洋沿岸居民古代已經有往來的例證。今天，從地理位置研究發現，雲南離印度洋最近的直線距離，是從西南部的臨滄孟定的清水河口岸通過緬甸達印度洋沿岸，不過一千公里。從滇中滇池流域到紅河流域再到西南部的臨滄自古以來有茶馬古道便捷連通，茶馬古道串聯了滇池流域、紅河流域和瀾滄江流域的文化互融。而臨滄是瀾滄江流域忙懷文化的谷地，可見，當時多個文明的交往線索通過出土的器

物，完全將它們融彙起來了。

古滇國出土的青銅器中，江川李家山出土的青銅器物，其時間段相當於戰國時期。銅鼓、銅鐘、「三騎士貯貝器」，晉寧石寨山出土的「殺人祭祀銅柱貯貝器」和「狩獵疊鼓貯貝器」，（見圖 2-9）都可以看出古滇國文化的自身淵源和獨立特徵。比如，北方奴隸社會權利的象徵是鼎，而南方小方國奴隸社會權利的象徵是銅鼓。銅鼓上雕刻的紋飾是太陽紋和古滇人勞作、戰爭的場景的刻繪等內容，鼎上則雕刻的是怪異的饕餮、蟠螭紋、或銘文；再如，貯貝器，或許來源於銅鼓，或許變形於錞于，器型本身是古滇國所獨有的。並且在貯貝器蓋上擱置數量眾多的青銅圓雕，「記錄述說」古滇王國社會之重大事件、祭祀、紡織、戰爭、狩獵等重要社會內容，這些青銅器物的特殊運用，在迄今發現的其它人類文明中尚未發現，爲已經發掘的古滇國大墓陪葬品中之獨有特

圖 2-9　狩獵疊鼓貯貝器

（西漢，高 62.1 公分，蓋徑 26 公分，
作者拍攝於雲南省博物館）

點。而且，用圓雕手法寫實地記錄史實的場面裏，完全可見古滇國的居民、用具、習俗、服飾、祭祀以及與集市場景的統一再現。杆欄式建築及其古滇國青銅雕刻中呈現的特殊的、沒有傳承下來的屋頂形制，都展現了古滇國文化自有的源流和獨立的文化符號（見圖 2-10）。除此以外，還有金印（見圖 2-11）、祭祀器物、武器等陪葬物的成套成系統的搭配，展示了古滇王國有序的方國統治中的政治文明。古滇國國王和奴隸主所掌握的政治權力和宗教權力，在紀實性的青銅群雕場面（見圖 2-12）和一些線刻中表現得一覽無餘。比如，戰爭後使異族俘虜成爲古滇人奴隸，殺人祭祀場面裏祭司、平民和被殺者的關係等，表現了古滇國王的至高王權，他們利用宗教的神性和暴力實

施統治，等級森嚴，而騎士因為戰爭掠奪的需要，具有很高的社會地位……凡此種種，也許古滇王國就是採用政教合一的方國政治的統治形式，來征服他國，進而統治這個居住著不同族群的奴隸制小方國的。

圖 2-10　青銅建築　　　　　　　圖 2-11　滇王印

（西漢，高 11.5 釐米，寬 12.5 釐米，　　　（西漢，邊長 2.4 釐米，高 2 釐米，
　作者拍攝於雲南省博物館）　　　　　　　作者拍攝於雲南省博物館）

圖 2-12　紀實性的青銅群雕場面

（作者拍攝於中國國家博物館）

第三章　雲南古滇國青銅雕刻的種類

　　滇中，指以滇池流域、撫仙湖、星雲湖等爲軸心的湖泊周圍的廣袤地域，這裡是古滇國的腹地，古滇國青銅器出土於晉寧石寨山、江川李家山、呈貢天子廟、滇池北岸下馬村、滇池東岸羊甫頭等地的古滇國大墓，它們是大墓裏的陪葬品。其中有規模龐大規格頗高的金屬製品作爲陪葬品。比如晉寧石寨山六號墓隨葬品有金器銀器和銅器眾多，青銅器就有國之重器貯貝器、編鐘，各式侍從銅俑，矛、戈、劍、戟、刀、斧等多種武器，也有精美的生活用具釜、薰爐、銅鏡等；還有最具說服力的「滇王之印」出土。且不說兵器、編鐘們的華麗製作，僅就「滇王之印」而言，足以說明大墓主人的身份，隨葬品的規格之高，不多見。古滇國墓葬裏的青銅陪葬器物高規格如數展現，揭開了一個神奇王國的文明歷史，這些種類繁多、造型奇特、充滿神秘感、籠罩著古滇國精神力量的世界，是由青銅鑄就的，它拉開了研究古滇王國文明的序幕。這些青銅器物和雕塑，描述的是古滇國現實社會中發生的事件和故事，有的寫實刻畫細緻入微、有的寫意玩味把握泥痕，但是無論器型的嚴正還是雕塑的浪漫，都圍繞著古滇國方國氣息和它的神秘的精神力量的核心來塑造。這裡，僅僅把它們中具有代表性的青銅器物分成如下幾類加以研究分析。

第一節　象徵財富與王權的貯貝器——型制、數量、規模概述

　　貯貝器是古滇國墓葬出土的筒狀青銅器物，它的名稱是考古發掘後，研

究者見其中裝有貝幣而後稱呼的名字，它最能代表古滇國文明的氣質，因爲是陪葬物，其體積都不大，但是，體量的局限並沒有縮小此青銅器型的氣度，它似乎可以聚集力量、溝通天地、納故吐新，具有壯闊的氣概，從而在其蓋面上承載許多青銅群雕，貌似紀錄著古滇國國力的輝煌。迄今爲止，貯貝器仍然是古滇王國獨有的祭祀物件形式，從古滇國人把它創造出來並且加以鑄造，它工藝的一絲不苟，以及精心佈局於其上的雕飾圖案符號，就可以感受到它的靜穆的威儀力。有的學者認爲它由銅鼓或者錞于演變而來，屬於有歷史根源的器物，其外形的考究至少有上千年的進化史，錞于、銅鼓、貯貝器都是神聖符號的象徵，都承載了某種神秘、理性的能量，古滇國人保留了華夏文明的某種符號基因，有深遠的用意。甚至古滇國大墓中出土的貯貝器，許多直接就是由銅鼓改造而來的。銅鼓是南方古越人祭祀的神聖之器，作爲祭祀的聖物，器蓋上塑造了眾多有內容內涵的群雕，貯貝器和貯貝器蓋上以及腰身上的雕刻，是古滇國社會的重要象徵和大事記載，可見這些貯貝器上的雕刻裝飾所「言說」的內容，在古滇王國精神世界中是具有怎樣重要的地位。滇池區域古滇國墓葬群具有代表性的是：晉寧石寨山墓葬群、江川李家山墓葬群、呈貢天子廟墓葬群、官渡羊甫頭墓葬群等。從這一區域裏的墓葬群裏一共發掘出六十件貯貝器。貯貝器最早並不是專門用於貯藏貝幣。也許是墓主生前使用的器物，用於祭祀、或作爲容器、或作爲陳設。根據現存的貯貝器概況，可以說有廣義和狹義之分，廣義上的貯貝器泛指貯藏貝殼的容器以及與之形狀相同的大型容器；狹義的貯貝器專指貯藏貝殼的容器，尤其是古滇國墓葬出土的鑄造精緻的貯貝器。其型制分爲：細腰圓筒型、虎耳細腰圓筒型、銅提桶型、異型和銅鼓型，共五類；有些貯貝器是空的，有些裏面裝了來自印度洋的貝幣、有些裏面盛放的是紡輪、耳環〔註1〕。貯貝器的器型發展沒有一個承前啓後的體系，從其中的形制變化也看不出風格連貫的線索，它是古滇國族群特有的、有較高的藝術性的祭祀器物。

貯貝器這種器型隨著古滇國的消亡而消失了。其時段在東漢以後，一種原因認爲是因爲漢以後，雲南地區的青銅文化中心轉移到了滇東北區域；另一原因認爲是因爲漢以後，漢代的鐵器技術迅速傳播到滇池區域，替代了在這裡風行了四、五百年的青銅文化。

〔註 1〕 《雲南古代滇池地區青銅文化中的貯貝器綜述》，李金蓮文，《楚雄師範學院》第 20 卷第 2 期，2005 年 4 月。

圖 3-1　虎耳細腰圓筒型貯貝器　　　　圖 3-2　銅提桶型貯貝器

（西漢，高 42.8 公分，蓋徑 20.5 公分，
作者拍攝於雲南省博物館）

（戰國，高 34.5 公分，蓋徑 16.6 公分，
作者拍攝於雲南省博物館）

圖3-3　細腰圓筒型貯貝器　　　　　　圖 3-4　異型貯貝器

（作者拍攝於雲南江川
李家山青銅器博物館）

（西漢，蓋徑 30 公分，作者拍攝於雲南省博物館）

第二節　象徵神祇與崇拜的銅鼓及其成因──型制、
　　　　數量、規模概述

　　面對古滇國青銅雕刻的實物或圖片，一件件圓雕、浮雕或線刻，如同流動的影像，訴說著古滇國社會的方方面面，可以稱爲鴻篇巨製。以青銅雕刻這種特別的方式言說著古滇國社會生活的畫卷。這樣的寫實再現承載了古滇國人們精神寄託的線索。銅鼓是古滇國青銅器中的典型祭祀器物，自古以來，雲南、貴州、廣西、海南的部份少數民族，在不同的歷史時期使用不同類型的銅鼓。銅鼓的運用地理範圍廣泛，在中國，銅鼓在雲南、廣西、廣東、海南、貴州、四川、重慶、湖南、湖北都有運用。在東南亞，銅鼓分佈於越南、老撾、緬甸、泰國、柬埔寨、印度尼西亞、馬來西亞等國。可見銅鼓在百越民族中所具有的神性意義。值得注意的是，今天湖南、廣西、廣東、海南、雲南以及東南亞的部份民族還在崇拜銅鼓，以銅鼓爲神聖的祭祀器物，這些現象說明了長江流域以南的文明與黃河流域文明的極大差異性。銅鼓，其器型、鼓面與鼓身的圖像、敲擊時發出的聲音、節奏等，從視覺、聽覺和觸覺多方面環繞著一個族群的靈魂，以通達人們的夙願，祈願它帶來上天的氣息對人類的護祐。由此看，銅鼓的地位非常的神聖，由銅鼓引出的文明史異常的悠遠。中國古代銅鼓研究會於 1988 年編寫及出版了《中國古代銅鼓》一書，書中正式提出將中國古代銅鼓分爲 8 種類型，即萬家壩型、石寨山型、冷水沖型、遵義型、麻江型、北流型、靈山型和西盟型。這種八分法目前已經被中國學者所接受和應用〔註2〕。可以清楚地看到，其中，萬家壩型、石寨山型和西盟型銅鼓都在雲南。

　　迄今發現的最早的銅鼓，是在雲南楚雄萬家壩出土的「萬家壩型」銅鼓。萬家壩型銅鼓的年代可以上限到春秋或更早，下限爲戰國晚期。萬家壩銅鼓的特徵是，鼓面直徑小於胴體底部直徑，腰部內收明顯，鼓身份爲三段，側面看粗壯，鑄造工藝不精。鼓面有太陽紋，但是沒有圍繞太陽的暈圈圖案，胴體外壁素面少有雕刻紋。古滇國的「石寨山型」銅鼓在年代上晚於「萬家壩型」銅鼓，而且也來源於「萬家壩型」銅鼓。

　　石寨山型銅鼓主要集中在滇池區域出土，其往四周擴散到滇西、滇南、

〔註2〕《中國雲南與越南的青銅文明》，李昆聲、陳果著，社會科學文獻出版社，
　　　2013 年版，第 486～488 頁。

滇東北，甚至在雲南省以外的廣西、貴州、四川和越南北部都有出土。從其分佈可見古滇國文明往外部的輻射和影響。石寨山的地理位置是在古滇國的中心地帶，而石寨山型銅鼓，承載了祭祀文化的多重內涵。

圖 3-5　石寨山型銅鼓

（戰國，高 33 公分，面徑 37.5 公分，作者拍攝於雲南省博物館）

　　一般石寨山型銅鼓，體型較小，做工精緻，分胸、腰、足上下三部份。胸部直徑大於面部直徑。其最具特色的是，通體被雕刻滿圖案，鼓面是以太陽紋爲中心的暈圈，分別裝飾以三角紋、斜線紋、鋸齒紋、圓圈紋等，周圍雕刻了飛翔的鷺鷥；銅鼓外壁被雕刻了各種類型的船，「有競渡船、漁船、戰船、海船、祭祀船、交通船、遊戲船。」〔註3〕每艘船上都有羽人，或歌舞、或祭祀、或划船、或手持武器，也還有雕刻各式各樣的鳥紋、牛紋等。如此繁複密集的鼓面裝飾，可見銅鼓這種青銅器的重要意義。再加上那些被精細雕刻的、圖案化了的內容展現，可以想像銅鼓所承載的精神寄託。特別是，其所雕刻的都是與水有關係的動物、器具、交通工具，除了青銅器本身器型和裝飾的美妙之外，石寨山型銅鼓，還具有神聖的宗教意義。太陽永遠是被雕刻在鼓面的，也就是銅鼓的最高處的中心位置，而鼓壁的所有雕刻圖像都在太陽以下，圍繞太陽神，仰視太陽的光芒。當銅鼓被擊打的時候，其音響

〔註3〕　《中國雲南與越南的青銅文明》，李昆聲、陳果著，社會科學文獻出版社，
　　　　2013 年版，第 530 頁。

振動了鼓體、鼓體的圖像和人們的耳朵，發出了神秘的音響力量撼動時空，
讓人不得不頂禮膜拜。

　　雲南青銅器如果要與中原文明的青銅鼎對應的話，就是以銅鼓爲核心的
造型代表，而貯貝器，則是銅鼓的延伸或昇華。

第三節　象徵戰爭與必勝信念的兵器——型制、　　　數量、規模概述

　　對於一個奴隸制國家而言，頻繁的戰爭是家常便飯，戰爭的勝利是古滇
國的立國之本，戰爭與政治的地位，在奴隸社會國家裏交相伯仲。因此，武
器的先進與精良往往決定戰爭的成敗，古滇國墓葬裏發掘出大量的陪葬用兵
器，這些兵器器型高貴完整、圖案裝飾精美，具有神聖的貴氣，藝術風格取
嚮明確。這些兵器，既是陪葬器物，又是祭祀聖物。當然，古滇國人祭祀戰
神，祈求征戰的凱旋，對於古滇國的王權統治，具有全方位的意義，否則，
就無法談及豐衣足食、族群興旺、異族臣服。古滇國墓葬群出土的陪葬品中，
兵器乃是其中主要的器型之一，其型制多樣，數量巨大。兵器一直存在於古
滇國興盛的五、六百年的時段裏，這些兵器，有的器型與中原地區的近似，
但是，大多數兵器的器型、裝飾藝術都特異、神秘、生動有力，有著鮮明的
南部高原民族文化特點，顯現了強烈的地域性和時代性。坐落在滇中湖泊群
周邊的幾個古滇國墓葬群，是最具代表性的，它們是晉寧石寨山墓葬群、江
川李家山墓葬群、呈貢天子廟墓葬群、官渡羊甫頭墓葬群，這些墓葬群裏出
土了總共上千件青銅兵器。其它墓群還有曲靖八塔臺、安寧太極山、昆明下
馬村等等也有兵器出土。張增祺先生把古滇國兵器分爲五大類：勾刺類、砍
劈類、擊打類、遠射類和防護類。兵器共有二十多種：戈、矛、叉、劍、鉞、
戚、啄、斧、錘、弓、箭鏃、弩機、狼牙棒、盔甲等。

　　江川李家山出土的有戈、矛、鉞、戚、啄、斧、劍、鏃、弩機、盔甲
等，共三百四十多件。（1.戈，十八件。2.矛，七十件。3.鉞，四件。4.戚，六
件。5.啄，八件。6.斧，三十件。7.鐏（或鐓），十八件。8.狼牙棒，四件。9.
劍，八十五件。10.鏃，一百零一件。11.鏃形器，十七件。12.箭箙。13.弩機。
14.盔，一件。15.甲有頸甲、背甲（？）、臂甲、腿甲、衣甲等數種，出土時
大多已成碎片，原狀和件數不甚清楚，可辨識的分述如下：頸甲一件（24：

62），薄銅片打製。背甲（？）二件，鑄成，皆殘。24：63，殘爲三片。臂甲五件（1：3、7：7、12：15、13：4、24：26）。四件殘破，僅13：4較完整。腿甲二件（24：55a、b）。形式同。衣甲，已散亂，無法復原。有大小兩種甲片。）〔註4〕

呈貢天子廟兵有戈、矛、劍、啄、斧、鉞、戚、鏃、錘、蹲、長銎鑿、盔和甲，共一百五十六件。（1.戈，二十九件，分五型九式。2.矛，六十二件，分七型九式。3.劍，十八件，分四型六式。4.匕首，一件。5.啄，二型，各二件。6.斧，十九件，分三型七式。7.鉞，二件。8.戚，二件。9.鏃，九件，分三型。10.叉，二件。11.錘，二件12.蹲，二件。13.長銎鑿四件。14.盔甲出土時疊置成一堆，基本完整。內有盔一頂，餘爲大小不等的甲片。甲片薄脆，難復原。）〔註5〕

昆明羊甫頭共發掘了四百九十五座古滇國墓，出土了約四百多件青銅武器，有矛、劍、戈、戚、箭鏃、箭箙、鐓、啄、鉞、臂甲等軍事用青銅器。

晉寧石寨山五次發掘出土了二百三十多件〔註6〕。其它墓葬還有安寧太極山、昆明下馬村等，發掘出土陪葬青銅器較少，多爲陶器。安寧太極山古滇國墓葬就只出土了十三件青銅武器，而且文物級別不高，器型不具代表性，此墓可能是滇國統治階級中的下層人物的墓葬。

古滇國墓葬的陪葬兵器，器型塑造精緻，工藝細膩，裝飾華貴，從造型特徵來審視，可以分爲兩方面的風格傾向。其一，屬於古滇國本土的獨創之形制；其二，是古滇國青銅文化自身與外來冶銅文化發展的異化之形制。其中戈、矛、鉞的器型最具代表性，數量也比較多。其中，銎戈佔有的比例較大，有管式銎戈上有青銅圓雕的人物和動物作爲附屬物，銎體上還刻有有意味的圖案裝飾，從器型到裝飾都充滿了自然的生活氣息，管式銎戈是最具古滇國本土文化氣質青銅兵器器型。

〔註4〕《雲南江川李家山古墓群發掘報告》，雲南省博物館，《考古學報》1975年第2期。

〔註5〕《呈貢天子廟滇墓》，昆明市文物管理委員會，《考古學報》1985年第4期。

〔註6〕《雲南晉寧石寨山第五次搶救性清理髮掘簡報》，《文物》1998年第6期，第10頁，雲南省文物考古研究所，昆明市文物管理委員會，晉寧縣文物管理所。《雲南晉寧石寨山第四次發掘簡報》，雲南省博物館，《考古》1959年第9期，第480頁。《雲南晉寧石寨山第三次發掘簡報》，雲南省博物館，《考古》1959年第9期，第459頁。

圖 3-6　鋬戈

（西漢，長 19.7～27 公分，作者拍攝於雲南省博物館）

圖 3-7　銅斧　　　　　　　　　圖 3-8　銅劍、銅削

 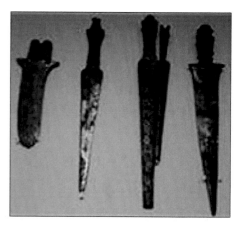

（作者拍攝於雲南省博物館）　　　　　（作者拍攝於雲南省博物館）

第四節　象徵萬千生活圖景的扣飾──型制、數量、規模概述

　　用於祭祀的大器再用於陪葬，一方面體現了其重要性，一方面增加了古滇國祭祀文化的神秘感。這樣的神秘感源於宗教與日常生活的融合。當然，

古滇國青銅器還有偏向於世俗性的一類器型，如：扣飾、建築、農具、動物圓雕、銅俑、髮飾等。其中扣飾最具代表性。古滇國出土的青銅扣飾，在小小的空間裏塑造了古滇人生活的萬千圖像，舞蹈、放牧、狩獵、鬥牛、騎士、獻俘等，還有的表現動物的可愛，也有的表現動物搏鬥的兇殘，是古滇國社會生活的眞實再現。古滇國青銅扣飾的器型，分別有圓形扣飾、方形扣飾和無規則扣飾三種類型。圓形扣飾和方形扣飾因其塑造方式而分爲圖案型和貼嵌型；無規則扣飾也被稱爲自然型。古滇國墓葬出土的青銅扣飾共有 658件。其中年代屬於春秋戰國時期的有 125 件；年代屬於漢代的有 458 件；來源於採集的有 75 件〔註7〕。

青銅扣飾這種形式，最早來源於北方草原民族的墓葬，與斯基泰文化有著些許淵源關係（有的專家認爲與斯基泰文化沒有關係，是古滇族本來擁有；有的專家認爲有關係）。由甘青高原的游牧民族攜帶著游牧民族文化的基因，沿著雲南西部的大江大河而南下，慢慢在古昆明國和古滇國等小方國中留下足跡，留下生活習俗的點滴烙印，扣飾即是馬上民族

圖 3-9　方形扣飾

（西漢，長 15.2 公分，寬 11.3 公分，
作者拍攝於雲南省博物館）

服飾的重要配件，爲腰帶上的扣件。古滇國有規則形扣飾爲日常佩戴，不規則扣飾多爲陳設而用，少爲佩戴裝飾用，因爲墓葬出土原地不規則扣飾兩邊是皮帶殘物。不過，普通平民的經濟基礎和身份等級，不可能佩戴浮雕的青銅扣飾，故古滇國大墓出土的青銅扣飾爲王室貴族所專用。但用於大墓陪葬，說明其是古滇國社會中的典型器物，青銅扣飾是王室貴族地位的象徵之一。古滇國墓葬出土的青銅扣飾，一件不同一件，它既有概括成幾何形的有規律的製作，又有保持了塑造對象的生動形象的生動感，塑造的多是古滇國生活的眞實場景，在藝術風格上活潑、靈動，具有濃厚的生活本眞意味，從

〔註 7〕《青銅時代滇人的青銅扣飾》，蕭明華文，《考古學報》1999 年第 4 期。

圖 3-10　無規則扣飾

（西漢，高 12 公分，寬 16.3 公分，作者拍攝於雲南省博物館）

中可以推斷古滇國人追求樸實、純真的審美意識，其金屬鑄造工藝堪稱精湛，具有濃厚的地域民族特色。如，狩獵、祭祀、農耕、擄掠、斗牛、動物搏鬥等。古滇國青銅扣飾的不規則扣飾鮮活靈動、方形扣飾空靈奇巧、圓形扣飾渾厚優美，有些選取人和動物的運動瞬間，尺寸較小，寫實塑造；有的匠心獨運，巧妙慨括，疏密有致、構成得當。手法有圓雕、高浮雕、鏤空、線刻、鎏金等，鮮活的動態場面彰顯了藝術水準的高度。古滇國青銅藝術不僅記錄了古滇國的社會歷史，

圖 3-11　圓形扣飾

（西漢，直徑 13.5 公分，
作者拍攝於雲南省博物館）

也記載了社會意識關照下的藝術風格與審美追求。

第四章　雲南古滇國青銅雕刻中的宗教氛圍

　　古滇國青銅器物和雕刻，傳達的視覺信息好像沒有商周青銅器圖像中的那種緊張、詭異、恐懼，其外形客觀自然，造型寫實，體態渾厚，呈現了古滇族日常生活的其樂融融，也有戰爭的慘烈場景，還有奇異的原始宗教儀式的記錄，而且在多種群雕場景裏，雜糅了神秘奇異的氛圍，這種特殊意境的營造，需要諸多複雜的細節來烘託寓意，表現特殊的地理環境和特殊的氣候溫度所帶來的原始宗教氣場，也可以強調奴隸社會的王族意志階級特徵。商周時期，是奴隸社會青銅冶煉業的高峰時代，而青銅冶煉技術的秘方是掌握在亦巫亦匠的祭師手裏的，所以青銅器和青銅雕刻承載了太多的政權希望和宗教意義。

第一節　神秘而世俗的建築義涵

　　建築被稱作是一個巨大的空心雕刻品（除了紀念碑）。建築與雕刻藝術一樣是三維空間藝術，但是當這個中空的實體因為材料堅固、空間關係協調、符合歷史需要而被留存時間長久的時候，它就具有了思維空間的特性。「建築空間序列越豐富，時間的因素就發揮得越充分，在時空交匯中構成的藝術形象也就越鮮明。」〔註1〕沒有文獻記載過古滇國的建築的任何痕跡，它的建築到底是什麼樣的結構呢？是偶然的大墓發掘使得青銅鑄造的古滇國建築顯現

〔註 1〕王宏建、袁寶林主編，《美術概論》，高等教育出版社，1994 年版，第 558 頁。

於世界：以杆欄式建築爲主，有杆欄式與井干式建築混合建構的類型，而杆欄式和井干式建築，是典型的南方潮濕多雨水地區的建築風格。古滇國墓葬出土的青銅鑄造的建築，樣式非常成熟，建築功用明確，風格獨到，結構合理，可清晰尋見精細的建築裝飾。古滇國建築因地理環境、溫熱潮濕的氣候而生成，其結構、造型、序列，構成了建築藝術的表象，而其建築所擁有的象徵意涵，則可探究其文化深度。建築的造型可暗含心理的象徵意義，建築上的裝飾、雕刻也表達了某種精神符號或宗教涵義。

古滇國墓葬出土的青銅建築，大致可以分成兩種風格走向，一類是干欄式建築，一類是井干式建築，前者爲溫熱潮濕的湖泊周邊古滇族居住，後者多爲海拔較高的山區居民居住。兩千年前的古滇國森林密佈，氣候比今天潮濕溫熱。杆欄式建築並不是古滇國居民的首創，它是南方多雨地區普遍實用的建築樣式，古滇國的地理、人文、社會、氣候諸多因素選擇了杆欄式建築，但是，沒有像中國其它地域的建築遵從對稱和諧的法則，也沒有在廣袤的平地上沿中軸線朝四方有序連續建設，尤其是古滇國建築上的裝飾符號，以及建築內部空間分割，增加了它的神秘內涵。從其青銅雕刻中出現的數量眾多的蛇的形象可以推斷出，潮濕的環境與蛇、蜥蜴類爬行動物的關聯。蛇是古滇國人圖騰的神物：祭祀場面有蛇、農具體面刻畫有蛇、建築物樓梯上有蛇。蛇、牛、蜥蜴、孔雀在古滇國建築上的出現，除了自然環境存在的因素外，還有古滇國宗教價值觀的需要，今天，生活在哀牢山區紅河谷中游的花腰傣，還信奉萬物有靈的原始宗教，主要信奉天神、地神、土地神、山神、水神、谷神、田神等自然神靈，而紅河谷聚居的花腰傣，是古滇族南遷散落後留存下來的古百越、濮人後裔。

現在，雲南和東南亞國家居民仍然居住類似古滇國的傳統建築，運用圓木和竹子支撐構架，茅草和樹葉做屋頂，尤其是屋脊頂部交叉的燕尾形狀，已然成爲東南亞建築的符號代表。老撾、柬埔寨、緬甸、泰國等國依然保持了這種建築樣式，但使用的是特別優質的圓木，是以柚木做主材支撐框架、隔牆、鋪地板，以柚木葉子做屋頂。這樣既能防腐、防蛀、防水，長久耐用，又能抵禦潮熱、防蚊蟲侵擾。青銅器裏古滇國建築的建築樣式、結構和功能與今天雲南、東南亞一帶的杆欄式建築如出一轍，只是屋頂的構成和兩個坡面的結合則完全相反。古滇國建築的屋頂是上寬下窄的倒梯形，橫截面三角形上部外凸，底部內縮。有趣的是，同樣的建築形制在雲南一直往南的印度

尼西亞的一個島上的民族建築中再現。他們現在還在沿用與古滇國一樣的建築，以適應熱帶雨林生活之便，甚至這支民族也用著銅鼓。這不得不讓人懷疑，是否是古代滇池周邊的古滇國居民因為無法抵禦大漢的武力和強權而南遷散落於此〔註2〕。其次，在雲南南部、老撾、緬甸、柬埔寨、泰國，杆欄式建築在用材、建築結構、功能劃分和建築外觀符號設計方面，都幾乎和古滇國青銅鑄造的建築風格統一，除了熱帶、亞熱帶氣候的原因外，還與古代越人、濮人的居住與宗教文化的關聯有不可割捨的基因紐帶。比如建築屋頂邊上的兩個木板的交叉、牛頭的懸掛、屋頂和柱頭欄杆邊沿幾何圖形的裝飾，其背後一定有實用之外的精神意義。成熟的建築分類是相當明確的，比如民居、宗廟、公共空間、皇室、墓葬各有規制樣式，那麼在兩千年前遙遠的古滇國，其建築樣式是否也達到如此的成熟階段了呢？

在晉寧石寨山1956年出土的三個以建築為主的青銅雕刻中，建築是杆欄式建築的三種不同結構和功用的屋宇，在屋宇的適當位置都有活動的相應身份的人物和相應用途的動物和道具，場面熱鬧，頗似東漢和東晉陶藝的世俗生活陪葬俑群。其中的「人物屋宇」，（見圖4-1、4-2）在建築中雕塑了古滇國的社會生活細節：有圓雕的忙於祭祀和炊煮的古滇人；有牛、豬、羊、蛇、狗、鸚鵡，還有牛頭、豬腿、人頭。建築為典型古滇國杆欄式結構，材料使

圖 4-1　人物屋宇之一　　　　　　圖 4-2　人物屋宇之二

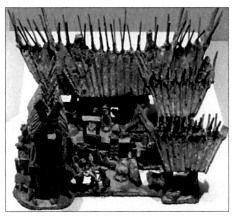

（西漢，高9公分，寬12公分，　　　（西漢，高11.5公分，寬12.5公分，
　作者拍攝於雲南省博物館）　　　　　作者拍攝於雲南省博物館）

〔註2〕中央電視臺紀錄片《消失的古滇王國》。

用本地方便的竹子和木頭，圓木爲支撐建築的力點，也爲建築結構的主要棟樑，竹子一般用於分割建築空間的牆面，通風性較好。建築組合成院落，頂部作長脊短簷懸山頂，用交叉的木條覆蓋在屋頂，屋脊的山尖高高翹起，木條頂端交叉爲燕尾形狀，上寬下窄斜斜挑起，但又不是飛簷。建築屋頂靠四個方向的柱子支撐，上下兩層，有主屋，有亭臺。有的亭臺有頂，有的是敞篷平臺，沒有牆板，欄杆較低，欄杆上雕刻紋飾。主體建築裏都有祭祀案桌，有人弄樂吹笙，有人舞蹈，有人燃薪炊事。人物活動整體是在忙碌祭祀主題，但是悠然有序，不是特別莊嚴緊張，祭祀活動的儀禮與日常生活伴隨著慢慢展開。

人類童年時期，宗教儀式還沒有圈定在特殊的建築物裏面，所以在古滇國青銅器裏看到的祭祀所用建築，結構上也與其它一樣；但是在建築裝飾、紋飾上是否有所不同，值得深究。多神崇拜可能是古滇國青銅雕刻忠實於客觀實際物象的原由。古滇國青銅雕刻中出現的建築總是出現雕刻的牛頭、蛇、猴子、孔雀、蜥蜴等動物，原始的宗教和古滇人生活的建築似乎不分彼此，神的力量在自然中，也在建築內部。古滇人相信祭祀帶來的神的力量保祐他們達成意願，所以他們

圖 4-3　杆欄式建築

（西漢，高 11 公分，寬 17 公分，
作者拍攝於雲南省博物館）

的建築除了杆欄式建築的結構外，也很講究內部的布置特別是器物擺放。杆欄式建築分上下兩層，（見圖 4-3）下層有牛群和豬群居住，屬於人畜共居狀態。有人在炊事、舂米、飼養，也有人在祭祀，建築的柱子和梯子上刻畫了螺旋紋、菱形、三角形連續紋樣，也有浮雕的蛇和蜥蜴神秘地趴在樓梯上。此梯子從地面支撐到屋頂，似乎不是用以攀登的。房屋檐下柱頭上掛有牛頭，二樓的欄杆上也掛有牛頭和葫蘆笙。

另外，在石寨山銅鼓貯貝器器身雕刻的「上倉」圖像中（見圖 4-4）有一井干式建築的穀倉。屋脊兩端刻畫圖案化的吉祥鳥，造型非常優美，屋頂椽

子上都刻畫了具有民族特色的幾何圖案，線條流暢。穀倉的木條鑲嵌的牆體
上也刻畫了有意味的圖案，似乎是某種懸掛的標誌或吉祥物。穀倉兩邊是上
倉勞作的古滇國婦女，穀倉頂部和周圍有飛翔的鳥類、覓食的小鳥和飛舞的
野蜂。整個線刻表現了古滇族對「上倉」活動儀式的虔誠態度。穀倉建築形
制非同鄉野糧倉，而是清一色的女性井然有序地參與上倉儀式，展現了以建
築爲中心的秋收後的祭祀儀式。

圖 4-4　上倉圖

（西漢，長 128 釐米，寬 40 公分，作者拍攝於雲南省博物館）

　　古滇國建築的個性風格是特定的地理氣候、自然環境和原始宗教意識影
響的結果，其建築的內涵有自己特別的意象，但是不如中原的建築那樣有序
列，而且承上啓下。中原建築經歷了幾千年的文化積纍和過濾，傳承了新石
器時代和奴隸社會時代的文明符號。古滇國青銅時代的建築，沒有清楚地告
知結構和圖像所涵蓋的意義，卻通過仔細的敘事場景暗示了其在政教合一的
氣場中的地位。古滇國建築形式遵從自然、別具一格，造型優美、結構奇
異，是南方多變的氣候條件下適應性較強的建築形制，也是具有古滇國文化
特色的杆欄式建築之一，由於出土的青銅建築模型相當有限，又沒有文獻資
料專門記載，所以，研究者難以猜測這個消失的古滇王國的建築形態的豐富
性，古滇國應該有與祭祀建築呼應的館、閣、亭、臺、廊、軒、樓、橋等，
構成人居的世界，只不過材料是本地方便的竹木一類。它與長江以南其它區
域的杆欄式建築區別很大，它具有避暑、防震、隔離濕熱、透氣等實用性，
而又具有建築的抽象美規律，其內容和形式所凸顯的風格，揭示了古滇國
政教合一社會的心理情緒和神秘意識，也可以看出集中在古滇國族群內部對
大自然的恐懼、敬畏和崇拜情愫，這些建築的空間設計夾帶了素樸、混沌
的原始意識，是古滇人對宇宙的部份理解，飽含了古滇國文化的複雜的審

美因素，這種審美是一個綜合結構、圖案裝飾、到宗教意識和日常生活的統一體。

第二節　凝重沉靜的「集會」氛圍

藝術形象從現實生活中一經分離，就轉換成為對現實生活的反映的形式化樣式。因為所處時代和社會的局限，古滇國的青銅雕刻注入了濃厚複雜的原始宗教觀念，其具象寫實的青銅雕塑一一再現古滇國政權、戰爭、祭祀、生產、習俗、日常生活。雕塑選取的細節具有代表性，把具體圖像與超自然的神秘力量和原型的生命力結合起來，造成獨立的象徵意義。這樣的具象雕塑，能夠讓人們撥開古滇國的迷霧。古滇國的雕塑者把具象青銅雕刻做到了一個極致，是雲南地區遠古文化的奇跡，成為獨立於其它文明的特殊的青銅雕刻藝術的奇葩，讓後來者歎為觀止！我們在探尋古滇青銅雕塑的語言魅力的同時，也仰望到了古代先民的精神之光——古代工匠不是為純藝術精神而進行創作的，卻留給了今人無比輝煌的雕塑藝術。

古滇國青銅雕刻都是放置在特別的祭祀器物上的，貯貝器最顯特別，當然，還有青銅扣飾、武器、樂器、農具等。貯貝器的器型雖然來自銅鼓，但卻不是銅鼓功用的簡單重疊，尤其是貯貝器蓋上放置的群雕人物場面，都是古滇國社會生活大事、要事之細緻記錄，這些群雕場面使得祭祀器物成為了神聖複雜的綜合體。有限的貯貝器蓋，像個舞臺，任由雕塑者在小小的空間中塑造出重大的歷史瞬間。因此這類群雕較為寫實地再現了古滇人的宗教生活和世俗生活，為我們再現了極其豐富多樣的社會生活場景，它們或許是正在進行中的祭祀場面。比如，巫師監視紡織女工、殺活人準備祭祀銅柱等眾多人物聚集的場景，與古滇人趕集時的場面同時進行。這些群雕注重細節刻畫，紀實性記錄功能極為清晰。

古滇國青銅雕刻中，有不少塑造古滇人群體聚集的場景，貌似「集會」。這種「集會」突出的主題實際上是祭祀：祭祀銅鼓、祭祀銅柱等，參與祭祀的古滇人多的達一百三十人，少的也有二十幾人。其中有的雕刻了殺人祭祀的內容，使得整個群雕的氛圍沉重了許多。這裡聚會的現場，應該是在古滇國市鎮的「中心廣場」一類的場地。這類中心，既是祭祀的場所，也是歡歌的空間，又是居民趕集交易的市場。（今天在雲南古鎮都還存在於鎮子中心，被稱為「四方街」。另外，在雲南西部滄源縣佤族古老的翁丁寨子中，也有寨

子門口的小廣場爲剽牛、祭祀、春耕歡歌所用，而寨子中央的空地，則佇立著氏族的圖騰象徵物，供給另一種祭祀所用。（見圖 4-5）祭祀儀式在這裡舉行，是要告訴古滇族大眾祭祀儀式作爲古滇國大事發生的意義。所以，祭祀銅柱爲重點（銅柱和銅鼓一樣神聖高貴），盤繞著兩條蛇的銅柱外圍，整齊地排排坐著四行女性，她們前面放置了籃子，籃子裏面盛有魚、肉、農產品等物品，似爲祭祀所準備。還有周邊站立的男女數人，有的在觀望，有的在守看自己的農作物，似乎是趕集的路過的古滇人順便觀看一下祭祀的儀式。

圖 4-5　祭祀場面貯貝器

（西漢，高 53 公分，蓋徑 32 公分，作者拍攝於中國國家博物館）

圖 4-5-1	圖 4-5-2	圖 4-5-3
祭祀場面局部	祭祀場面局部	祭祀場面局部

　　有一個「古滇人祭祀銅鼓」的場景，此群雕集中雕塑了祭祀時砍下人頭的情景，身軀已經被放置旁邊，恐怖凝重之極；還有待用於犧牲的奴隸，其親屬在一旁蒙面哭泣，悲傷淒慘的氣氛再次凸顯。這組群雕共三十二人，人物高度不過五六公分，其中有坐在肩輿裏的巫師，有行走的農人，有騎馬路過的古滇國奴隸主，有配合祭祀儀式的男女古滇族。在高三十公分、蓋直徑三十二公分的貯貝器蓋面上，塑造了生動的人物動態，把握了以祭祀爲主導內容的群雕氣氛。古滇國的工奴雕塑家十分擅長塑造這種人物眾多的群雕，既能夠通過人物表情和動態訴說故事，也能夠利用人物的情緒動態表達他們相互的關係，群雕裏有適當地放置的各種道具，渲染了陳述祭祀儀式應該具有的威懾力，以達到蓋面上的青銅群雕與貯貝器本身內涵的統一。

　　從滇中湖泊周邊墓葬中出土的古滇國青銅雕塑，爾後被放置在博物館裏，它們讓今天的人們感受到了古滇國文明的魅力。這些雕塑，直接傳達給面對它們的觀眾的信息，即它們是一種文明的光照下產生的藝術。可惜，文明中斷、消失了，沒有留下文字文獻，這樣的眾多雕塑成爲了訴說古滇國文明的另類的圖像文獻。這些雕刻組合已經建構了古滇國雕塑的風格，它們具有的敘事功能所呈現的內容，遠遠超過了藝術語言的含量，彷彿揭示了古滇國文明發生和生成背後的密碼，它啓發研究者的並不僅僅是藝術風格的表象。許多觀者流連往返於古滇國青銅雕塑面前，是去朝拜某種文明的精神，這種精神像是一場交響音樂會，它對於人的靈魂產生了巨大的震撼，於知者以智慧的啓迪。面對這一組組平靜的、緩慢的、似乎是速寫式的雕塑群，那通暢、輕鬆的輪廓線，敘述著祭祀的嚴肅。在貯貝器頂蓋，圍繞著太陽中心的祭祀群雕，渾厚寫意，從體量到雕塑群體都充實著由內而外的力量，還有節奏和韻律匯合成的與環境的親近，這類連續著時空的雕刻組合，加強了「集會」的特殊功效。

　　「祭祀場面貯貝器」（見圖 4-5）在直徑 32 釐米的圓形內，塑造了一百三十人之多的具有動態的人物，銅鼓十六具，杆欄式建築一間，還有馬、犬、虎、蛇、豬、孔雀等動物（這些動物是伴隨古滇國社會生活的夥伴還是神聖祭祀活動的必須）。建築屋頂上層爲人字坡，下層四面出屋檐，屋頂下一平臺，由柱子支撐，兩面有梯子上下。平臺上有婦女坐在高凳子上面，似乎主持祭祀事務。犧牲和人牲同時進行，有的人在具體操作，有的人在閒聊觀望，外圍有服飾各異的人，有的騎馬，有的行走，有的交易。祭祀在「市中

心」的小廣場舉行，而趕集、交易和湊熱鬧的人，也出現在古滇國雕塑家的視線裏，這些場面都比較忠實地再現了現實。如此多的銅鼓擺放在祭祀現場，說明這場祭祀的重要性，然而祭祀主持不迴避圍觀的、與此無關的人們。我們不禁會發問，難道古滇國的宗教和生活是互相融合的？用於祭祀的大器再用於陪葬，一方面體現了其重要性，一方面增加了古滇國祭祀文化的神秘感。這樣的神秘感源於宗教與日常生活的融合。

古滇國青銅雕刻所表現的「集會」，雖然混合了宗教與世俗的情節，但是它不是普通生活的「集會」。如此用盡心力地塑造熱鬧的細節，突然點出血腥和暴力情景，在熱鬧的掩蓋下讓人驚愕。殘酷對於祭祀而言，是忠誠的產物——對神聖祭祀儀式的忠誠，源於宗教信仰的底氣。這些群雕的氛圍是凝重的，異常地沉靜。

第三節　寓意豐富的族群願望

古滇國的青銅雕刻藝術的圖像表達，並不是所有的都來自神秘的超自然力，其中有一部份實際上來源於古滇人自身力量的顯現，他們族群的力量已經在現實中得以證實。戰爭的勝利、狩獵的成功、農耕的收穫，都證明了人的位置，其中族群的團結尤為重要，族群的興旺更會成為古滇國重要的目標。然而，由於原始宗教力量和意識的影響，古滇國人仍然相信強大的神力控制了族群，他們相信意願的實現是神的意志左右的結果。

古滇國青銅雕刻所表現的場景，是經過數百年篩選後，傳承於族群內部的、必要的儀禮或儀式，是與古滇人的興旺、或生與死相關的某種巫術或宗教的力量所連接的氣場的反映。古滇國沒有文字留存，其代表器物貯貝器，器蓋上往往有虎、鹿、牛等動物擱置，擺放的位置經過苦心經營，顯現出肅穆、神秘的氣氛。牛的出現率最高，而且在比較重要的位置。經過雲南大學生物系鑒定，這些牛的背上有一駝峰狀肉瘤，史書上稱「封牛」，為古代雲南所獨有〔註3〕。

古滇人以地緣關係組成農村公社，同時，以血緣為紐帶的氏族公社架構依然存在，古滇國社會結構中王族和貴族階層以及轄區內的古滇族群居民，

〔註 3〕姚鐘華編著，《古滇青銅器畫像拓片集》，雲南美術出版社，2008 年版，第 20頁。

都有或遠或近的血緣關係。這樣的社會裏，農業是國家立國的基礎，牛代表了財富，又承載了豐收的希望，以牛爲主題的祭祀貯貝器，正是古滇國用於國家大事的典型器物。北方的銅鼎，南方的銅鼓，都是王權政治的象徵；而貯貝器，是古滇國王權政治的象徵，只有古滇國王才能擁有，是王權與神權合二爲一的神聖之物。古滇國國王利用祭祀貯貝器的方式，上通神、下治人，祈求農業的豐收和財富的興旺。另外，貯貝器上還有殺人祭祀銅柱的場面，以活人犧牲祭祀，是奴隸社會十分殘酷的手段。古滇國的王者和巫師佔據了社會的上層地位，有可能把貯貝器視爲天和人的中介，表面上是維持方國的秩序，實質上是發號施令，顯示王權威風，爲對內統治和對外征伐戰爭製造可靠的依據。

作爲陪葬物品的青銅器和青銅雕塑，是伴隨著國之大事而出現的。祭祀和戰爭當然是國家首要大事，族群的興旺和天文地理的風調雨順也是國家長盛不衰的必備條件。古滇國青銅器的祭祀意圖在對話天地的同時，也留下了生殖崇拜和自然崇拜的本源痕跡。生殖崇拜和自然崇拜，是世界上所有原始居民寄託願望的表象。生殖崇拜是從圖騰觀念中生發出來的。圖騰本是原始居民的信仰，帶有濃厚的原始巫術性質。

原始巫術是原始宗教的一種形式，是巫術的操作者巫師和巫覡靠法器或咒語實施祭祀儀式，溝通天與地、人與神的儀式。那些刻在崖畫和銅器上的神秘符號，記錄著古代族群與祖先神靈或上天的交流，是一種「語言」，供給氏族部落們用於宗教祭祀的祈禱，以求保祐之用。現在紅河谷居住的傣族信奉自然原始宗教，村寨裏的葫蘆、樹、動物頭骨、竹子編製的某個符號等都是聖物，用於祭祀驅邪。古代神話傳說中不乏生殖崇拜案例，「葫蘆娃」、哀牢山「龍生傳說」之類神話故事屬於圖騰感生神話〔註4〕。以後，生殖崇拜慢慢變得顯性而直接。在中國古代帛畫、畫像石和畫像磚裏，常常出現華夏遠古神話「伏羲女媧圖」，往往繪人頭蛇身，兩蛇身辮子狀盤旋。古滇國人的圖騰的產生基於類似的心理——由於抵禦不了自然帶來的災害，或不理解一些詭異的天文地理現象，便希望族群壯大、繁衍昌盛、人丁興旺，以應對自然災害和戰爭對生命生存的威脅。

對古代氏族部落而言，族群的眾多昌盛就意味著戰爭的勝利和方國的繁榮穩定，也意味著生產力的雄強。原始的古滇國人視生殖崇拜是榮耀之舉，

〔註4〕張增祺著，《滇文化》，文物出版社，2001年版，第147頁。

是可以登大雅之堂的神聖儀式。在陪
葬的青銅貯貝器蓋上，不會忘記鑄造
圓雕的男女媾和的圖像，在陪葬的銅
扣飾上，鑄造男女交合的高浮雕供人
膜拜，也有高浮雕塑造的雙牛交合的
青銅扣飾（見圖 4-6 江川李家山出土
青銅扣飾），這都反映出古滇族群對繁
衍與興旺的乞盼，給予了古滇人族群
內在的自信與動力；也許還有更符號
化的表現方式，在鼓舞生殖崇拜帶來
的民族繁盛和財富增長積纍，只是今

圖 4-6　雙牛交合扣飾

（西漢，高 9.7 公分，寬 15.5 公分，
作者拍攝於雲南江川李家山青銅器博物館）

天對古滇青銅雕刻的研究尚未找到解密的鑰匙。

　　其實在雲南，性崇拜和生殖崇拜一直存在於許多少數民族的族群生活
中，並且佔有重要的位置。比如大理劍川石寶山石窟的「阿央白」、〔註 5〕臨
滄翁丁佤族的寨門口佇立的生殖崇拜的木樁等等，今天依然有貌似傳承的習
俗。在泰國、老撾、緬甸等東南亞國家的民族中，男根崇拜至今也依然保留。
（這些國家的民族與雲南少數民族自古以來交往、通婚不斷，有的屬於同一
族群，如傣族、景頗族、瑤族、佤族等這些越人和濮人的後裔。）

　　古滇國青銅雕刻記錄祭祀儀禮的複雜過程，不像商周王朝祭祀的禮儀，
其標準是濃縮到象徵性的祭祀器物上以及程序化的圖像，比如鼎、爵及其器
身的饕餮紋、回龍紋之類，具有隆重的符號意味。商周青銅器和楚國青銅器，
展現給後人的，是深奧複雜的象徵符號，是形而上的圖像指向。而古滇國青
銅雕刻，如影像一樣，如實再現人類當時發生的現實的生活場景，用以表達
族群的願望。古滇國人通過青銅雕刻，虔誠地記錄原始的生殖崇拜，可以如
實塑造男女媾合的形象。有的放置在眾多的祭祀人群中，有的放置在精美的
扣飾上用以裝飾。這在某些民族看來是難以接受的，甚至可以視為「傷風敗
俗之舉」。可是，這對於古滇國族群而言，卻是重要嚴肅的祭祀儀式，這種
「媾合」或「孕育」的祭祀儀式是為春種、豐收和人丁興旺而舉行的。今天
我們還可以看到雲南佤族、哈尼族、傣族有類似的舞蹈，甚至非洲、大洋洲

〔註 5〕阿央白是石寶山岩石自然形成的似女陰的白族本祖教崇拜物，白族婦女除拜
　　　　謁，還要手接觸之方靈驗。

的部族舞蹈具有同樣的動作，這些起源於祭祀的舞蹈，能夠幫助我們對古滇國青銅雕塑的媾合形象進行理解。古滇國青銅雕塑留下了一組組形象生動的檔案，成爲獨一無二的社會標本。

中國詩人于堅先生寫到「在楚文化的青銅世界裏，我們想像古代人的世界，而在滇文化的青銅世界裏，我們就像旁觀者，看著他們如何生活。」是的，在以「莊蹻開滇」爲代表的外來文明抵達古滇國之前，古滇國青銅文明早就開始了。其文明系統的形成，其內核是銅鼓和銅鼓衍生物之貯貝器，蓋面上永恒的中心是太陽。這簡單而神秘的器物，牽動了一條文明的線索，它從滇中出發南到中南半島，東到百越故地。多神崇拜可能是古滇國青銅雕刻忠實於客觀實際物象的原由，古滇國青銅雕刻中，部份也存在人的主觀意識提煉過的抽象圖像，但是不如商周的抽象圖像那麼有規律。商周的青銅圖像經歷了幾千年的文化積纍和過濾，傳承了陶器

圖 4-7
男女媾和的青銅扣飾

（作者手繪素描）

時代和玉器時代的文明符號，商周青銅圖像雖然主觀，卻清楚地告知了圖像所涵蓋的意義，以及其在政教合一的氣場中的地位。古滇國青銅雕刻寫實表現的用意也比較清楚，突顯了古滇國文化的與眾不同的獨到魅力。

第四節　單純明晰的符號指代

商周青銅器圖像的抽象化傾向較爲典型，現代語言可稱之爲符號。青銅器上的抽象符號並非突如其來，在比之更早的陶器時代和玉器時代，就已經有相關聯的器型和圖像產生。由於出土實物較爲豐富，又有同步的文獻資料記載，所以關於商周青銅符號的研究很成熟。古滇國青銅雕刻再現現實的具象場景較多，但也有符號化的器物和圖像存在。銅鼓和牛虎銅案，就是古滇國青銅文明較爲有代表性的符號化器型。商周青銅器上的抽象化圖像一直沿

用到今天，是傳統華夏文明直觀的視覺符號，其象徵性、代表性堪稱一絕。古滇國青銅器上的符號因爲古滇國的消失而沒有被後世沿用——當然今天我們也不知道哪個民族是古滇國執掌者的眞正後裔。所有結論都只是推斷，缺少足夠的證據，尤其是文字的佐證。「形式既爲空洞的抽象之物，又具有自己的內容。藝術形式具有一種非常特殊的內容，即它的意義。在邏輯上，它是表達性的或具有意味的形式。它是明確表達情感的符號，並傳達難以捉摸卻又爲人熟悉的感覺。它作爲基本的符號形式存在於與實際事物不同的範疇之內。它與語言同一個範疇，雖然兩者的邏輯形式互不相同，也與神話和夢同屬一個範疇，雖然兩者的功用也互不相同。」〔註6〕形式和內容，是融合在一起的語言主體。

4.1 人形的符號

　　人類發展史上，把人像概括爲特殊符號，是圖像領域司空見慣的現象。人對自然和動物的敬畏，使得人類對於未知的世界產生無窮的想像，因此寄希望於「自身與動物的趨同」，原始族群認爲自己的祖先起源與動物有關，圖騰就是提取動物的形象而爲。人對於自身的重視和對於自己能力的信任是種群的集體進步的表現，當人類的神話世界出現了和人類自身外形相似的神祇圖像時，文明其實從原始的薩滿時代進了一大步。誰知道神的樣子呢？古希臘文明直接就是「人神同性同形」，神有人的情感。華夏文明的神，最早見於崖畫岩畫，文獻則有《山海經》上的各路神祇。形象是最直接的視覺感觸物，神的形象的出現讓祈求的人更能感受到自己心靈與神的溝通，以至於願望的順利達成。而且視覺、聽覺、嗅覺、味覺是比較敏感的面部器官，遠古神話裏的神像往往強調眼睛、耳朵、鼻子和嘴。「宗教儀式上正是借助耳聽到巫師講述的神話和氏族英雄傳說，或者是在咒語的帶節奏的詩性語言的刺激下而產生催眠的效果，從而使人處在迷狂的狀態而聆聽神靈的呼喚」〔註7〕。故而，良渚文化的玉琮表面的符號化「神徽」，突出的是眼、鼻、嘴；廣漢三星堆青銅人面誇張的是眼和耳。其符號創造的用意可見一斑。

　　古滇國青銅器物上也有類似的圖像和符號，古滇國青銅器的銅鐘、銅

〔註6〕蘇珊・朗格著，劉大基、傅志強、周發祥譯，《情感與形式》，中國社會科學出版社，1986年8月版，第63頁。

〔註7〕趙憲章、朱存明著，《美術考古與藝術美學》，上海大學出版社，2008年12月版，第63頁。

鼓、貯貝器、銅鑼和扣飾上都有人形、動物和抽象符號的雕刻圖像。其中較有代表性的是石寨山出土的「銅鑼」,(見圖 4-8、4-9)一個直徑將近 53 公分的斗笠形鑼,凸出的銅鑼面上,環繞著中央的太陽光芒,雕刻了二十二個舞蹈人物,統一地戴著和人一般高的羽毛冠,一隻手拿羽毛如旌旗,一手統一舞蹈姿態,拇指和其它四指盡力分開往上翹,如今天泰國宮廷舞的手指動作。他們裸露著上身和四肢,穿緊身條紋短褲,腰部裝飾似羽毛尾的腰帶,身後羽尾拖地。他們的頭和腿為側面,胸和腰為正面,這樣的概括方式在古代埃及壁畫中常見,被美術史家稱為「側面正身律」。另一人,身著長袍,腰部佩戴長刀,頭部戴有向上羽飾,步行,似為頭人。古滇國的這種記錄祭祀的方式雖然已經符號化了,但是尚未達到圖案化的純度,人的舞蹈被象徵性地概括成視覺圖像,沒有抽象成異化的特殊紋飾,符號和敘事混合運用,似乎是在告知觀者舞蹈的用意和祭祀的誠懇。無獨有偶,類似的符號在廣南出土的「石寨山型銅鼓」腰部也有刻畫裝飾,人形圖案有同樣的舞蹈和裝扮,祭祀太陽或者大地;而在船上的祭祀者只有頭戴羽冠,有腰部飾帶者、有赤身裸體者,沒有舞蹈。與現代的端午節賽龍舟相像,舟船上有祭祀案桌、幡旗和圖騰柱,此組符號化的表現為祭祀水神。這裡表現的人在祭祀活動中的重要性,表現了人對自我的認可和信任;符號化象徵的人的舞蹈大量被雕刻在銅鼓、銅鑼等祭祀重器上,說明古滇國人對人的超自然的能力有了更多的自信,這些當然可以稱為古滇國原始思維的視覺傳達方式。還有,李家山出土的相當於戰國時期的青銅扣飾,圓形,直徑 7 公分多,浮雕塑造

圖 4-8　銅鑼　　　　　　　　　圖 4-9　銅鑼局部

（西漢,直徑 52.2 公分,
作者拍攝於雲南省博物館）

（作者拍攝於雲南省博物館）

了十八個舞蹈人，頭向中央，雙腳往圓圈外踩踏，平面看分散的十八個舞蹈人，像高空花式跳傘隊員的表演，手拉著手，人物有尾飾，也是祭祀舞蹈，此扣飾中央和外圈鑲嵌了綠松石。「在一個富於表現力的符號中，符號的意義彌漫於整個結構之間，因爲那種結構的每一鏈結都是它所傳達的思想的鏈結。」〔註8〕

另外，牛紋有正視和側視，裝飾波狀斑點紋和切線圓點圓圈紋，與炫耀財富，追逐物質豐厚的心理有關。人頭紋在兵器、鈕鐘和銅鼓上都有雕刻，與古滇國文明中的「獵頭」祭祀習俗有關。翔鷺紋在銅鼓和貯貝器上，是石寨山文化的典型符號，與漁利觀念有聯繫，銅鼓上的翔鷺紋圍繞太陽紋逆時針旋轉飛翔，羊角鈕鐘上的翔鷺紋是並排在鐘體上的衝天飛翔〔註9〕。

4.2 象徵王權的符號

古代羅馬人建的太陽神殿、古代埃及人建的金字塔展示了人類對於太陽神的信仰，古滇國人的銅鼓和貯貝器上普遍雕刻的太陽紋及其光芒，毫無疑問是對太陽神的膜拜。銅鼓和貯貝器是象徵王權的器型符號，青銅器的物質材料堅硬而不易腐朽，保留下來頗多。在邊遠的古滇王國，青銅冶煉技術執掌在王族和巫師等高階層古滇王族手裏，它們的雕塑藝術活動是爲王權和神權服務的。因爲古滇國沒有留下文獻告訴後人它的規章制度，所以它是否具備與周代類似的「禮制」就無從說起。古滇國青銅器裏的兵器也是符號化的祭祀器物，象徵了王權的威武高貴，以兵器作爲祭祀器物的方式並非古滇國獨有。王族執掌巫術及巫師階層，或者政巫合一，祭祀天地，有通天的靈異功能，表明自己是上天派到人間的超人，因此而成爲統治者。除了器型是王權的象徵符號外，還有器物上的符號化圖像也代表了王權的無所不在。「立鳥戚」、（見圖 4-10）「鳥頭形戚」（見圖 4-11）「寬刃劍及鞘」，這些古滇國特有的青銅武器器型和上面特殊的符號圖案，爲王室貴族所用，象徵了王權的威嚴和神秘。古滇國的青銅武器還有許多特殊的器型樣式，如青銅鎏戈，上面鑄造了圓雕的人和動物的關係的各種場景，武器器身上還刻有豐富的抽象符

〔註8〕 蘇珊・朗格著，劉大基、傅志強、周發祥譯，《情感與形式》，中國社會科學出版社，1986 年 8 月版，第 63 頁。

〔註9〕 蔣廷瑜著文，「羊角鈕銅鐘紋飾研究」，《首屆雲南撫仙湖與世界文明學術研討會論文集》，首屆雲南撫仙湖與世界文明學術研討會組委會編，2011 年，第 261 頁。

號。這裡選取最爲典型的古
滇青銅兵器，來展示其特殊
符號的視覺影響力。

　　「鳥頭形戚」與所有現
存的其它文明的鳥形器物在
造型上都不同，或許都是與
鳥圖騰相關的部落的基因遺
存，鳥的長長的喙被塑造爲
彎曲鈎狀的鉞形刀。鋬部鳥
頭後方的羽毛被整體雕成圖
案化的羽冠，兵器柱子身上
雕刻有蛇紋和點紋、圓圈
紋、旋紋等抽象符號，怪異
而神秘。另外，呈貢天子廟
共發掘 14 座戰國墓葬，是古
滇國早期（相當於戰國）的
墓葬群，這裡離滇池東岸才
五公里。規模最大的墓葬葬
具爲一棺一槨，棺槨制在同
一時期中原地區，也是大貴
族所普遍採用的喪葬制度，
此墓出土的巫師紋的銅鼎，
也是具有王權象徵意義的符
號的青銅器物。呈貢天子廟
文化屬於石寨山文化早期的

圖 4-10　立鳥戚

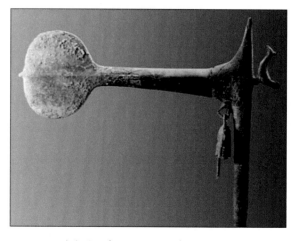

（戰國，高 122 公分，寬 22 公分，
《中國青銅器全集》，文物出版社，1996 年版）

圖 4-11　鳥頭形戚

（戰國，長 18 公分，
《中國青銅器全集》，文物出版社，1996 年版）

文化發展序列，是古滇國文明研究中不可替代的環節。古滇國沒有文字，目
前只在晉寧石寨山出土的銅片上見到用陰線刻的符號狀的圖像，歷史學家張
增祺先生曾經用「省筆」、「會意」的方式來分析過這些圖像。有雉雞、羊頭、
馬頭、牛頭、戴枷鎖的人，還有圓圈、橫線、背帶、紡織機，圖畫用簡筆畫
外形，便清晰地表達出內容。

　　此外，在古滇國青銅器物中出現的比較頻繁的符號還有太陽紋、旋紋、

回紋、齒紋、圓點紋以及一些概括後的動物紋。

4.3 祭祀儀式的符號

「按照我們文化兩分法的理論，青銅器也可以分為世俗的和神聖的兩部份」〔註 10〕。作為禮器的青銅器，具有溝通天地的神聖功能，之所以神秘有靈感成為宗廟的祭祀聖物，是因為它保留了圖騰時代的某種符號信仰，當這類符號被鑄造到青銅器上時，便由青銅材料雕刻圖像來承載天、地與人的溝通任務；其次，還因為青銅的堅固恒定、可塑性強，可以長久保留青銅文化中的祭祀符號，保留其風格多元、形象誇張、神秘色彩的強烈特性。

（一）祭祀自然

對自然的崇拜源於人類對風雨雷電、山川草木的敬畏，自然現象都可以成為神。《山海經》裏描述的若木，是象徵宇宙神聖的社樹，也被稱為扶桑。四川廣漢三星堆巨大的青銅搖錢樹，也有學者把它和扶桑聯繫，這類社樹能護祐六畜興旺、農業豐收、風調雨順、多子多福。除了植物符號外，還有漩渦紋、重環紋、雲雷紋等抽象符號，在古滇國青銅器和雕刻中同樣豐富多樣。古滇國青銅器上最明顯的、典型的符號是銅鼓和貯貝器蓋中央的太陽紋，圍繞太陽崇拜，陽光是自然的一切，太陽和眾神之力賜予了古滇國以福祉。

今天，少數民族的節日和慶典應該還遺留了遠古族群巫術活動的祭祀儀式。遠古，童年的人類依靠自己的智力去理解世界，尤其是自然界發生的難以理解的負面影響，比如火山爆發、地震、洪水等對於人類的災難發生的時候，常常遭遇此景，無可詮釋，人類便想像了神怪們無形的力量，求助於神的力量來退卻災害，甚至原始人相信的神怪、精靈、妖魔無處不在，或許附著在植物上，或者附著在風雨雷電中。到今天為止，西藏藏族還信仰原始的苯教，對自然神敬畏無比。苯教的輻射，在雲南麗江東巴教里保留得尤其清晰。晉寧石寨山出土「銅鼓型貯貝器」器身，雕刻的「祈年、播種」場面，上部刻畫的燕雀、布穀、鷂鷹，下部雕刻的連環圓圈紋和三角紋，正是陪伴著貯貝器祭祀自然神的生動圖像；還有大理祥雲大波那出土的銅棺，兩端立面的四周，飛翔著鷂鷹和大鳥與虎、豬構成了自然世界的空間，墓主人在地

〔註 10〕趙憲章、朱存明著，《美術考古與藝術美學》，上海大學出版社，2008 年 12 月版，第 69 頁。

下世界也需要對自然神尊敬無比，哪裏都缺不了神的庇護。在這樣的形象世界裏，古滇國人的世界觀能夠得到形象的展現。

（二）祭祀動物

「動物紋樣是殷商和西周初期青銅裝飾藝術的典型特徵，它於商朝時期發展到高峰，但獸面的造型，至少雙目和輪廓，在商代中葉的青銅器上已相當突出」。「遠方圖物，鑄鼎象物」是「幫助巫覡通天地之動物」，目的是「協於上下，以承天休」〔註11〕，饕餮是殷人傳說中的始祖的畫像，它來源於多種動物形象，被幻化而成為符號，頗具代表意義，它兇惡、恐怖、詭異，代表了超越世間的權威神力。每個饕餮的符號都是塑造者在宗教力量的召喚下一絲不苟的作品，塑造者對神聖符號的塑造，積纍了對神的恭敬的心理路程——人必須臣服於天神。華夏文明中傳承下來的神聖符號，如：鳳凰、龍、夔、肥遺（《山海經》之西經二次記載，太華山中有一種蛇，名稱是肥遺，長著六隻腳和四隻翅膀，一出現就會天下大旱。）等，記錄了文化基因的源遠流長。古滇國青銅雕刻裏不乏祭祀動物的符號，但是沒有主觀的修飾動物外形，而是客觀地雕刻了動物的自然形象，如青銅扣飾中的不規則扣飾，雕塑著野生動物之間兇悍的打鬥場面；而長方形扣飾的狐狸雕塑和猴子雕塑，僅僅是排列後圍繞方形；貯貝器和葫蘆笙上眾多的立牛圓雕，也是雕塑了牛的天然外貌，再現了客觀物象；還有青銅器中隨處可見的蛇形雕刻，寫實性的雕刻，都可見出古滇國人對動物的敬畏。祭祀動物，可以讓古滇國的生產和生活得到圖騰的庇護。

牛虎銅案是古滇國王室或貴族祭祀的青銅器物，似乎有虎牛圖騰的傾向，虎圖騰和牛圖騰在今天雲南的少數民族中依然被延續。比如，彝族依然以虎為圖騰，而佤族依然以牛為圖騰。最具代表意義的是石寨山出土的「滇王金印」，上面盤踞的蛇鈕，恰好與古滇國「蛇」形的涵義對應，也具動物圖騰的性質。司馬遷《史記・西南夷列傳》裏有記載：「西南夷君長以什數，夜郎最大；其西靡莫之屬以什數，滇最大」。《漢書・西南夷傳》中記載，「滇王者，其眾數萬人，……元封二年，天子發巴蜀……滇王始首善，……於是以為益州郡，賜滇王王印，復長其民。」文史的記載的古滇國一直沒有佐證，直到1950年代，在古滇國中心滇池南岸晉寧出土了蛇鈕金質滇王印，才

〔註11〕張光直著，郭淨譯，《美術、神話與祭祀》，生活・讀書・新知三聯書店，2013年1月版，第47、56頁。

復原了歷史的原貌。除了在金印上有可愛的蛇形之外，古滇國青銅器上，蛇形的出現頻率很高。蛇是古滇人的神性之物，考古學家馮漢驥先生稱其爲大地之神。

　　古滇國青銅器的動物雕刻來源於自然形象，以再現的方式塑造，因此少了怪異，多了親切，也缺少了神秘感背後的許多文化、哲學源泉。蛇的象徵意味，在人類原始文化中並不鮮見。古滇國青銅雕刻表現春耕、播種、舞蹈、狩獵、虎噬鹿、狼噬羊、虎牛斗祭祀等場面都少不了蛇的位置。比如，「殺人祭銅柱場面貯貝器」的銅柱上，纏繞著兩條蟒蛇；「蛇頭柄銅劍」那個劍手柄就是蛇頭和蛇頸的圓雕。江川李家山出土的「蛇形網狀銅器」，銅鑄的井干式房屋柱子上，也鑄造有曲線形向上爬行的蛇。再如孔雀，在三千年前的地球上並非雲南獨有，可能在同一緯度帶都有孔雀，因此在古希臘羅馬文化和基督教文化中都有以孔雀形象爲象徵的圖形。古滇國青銅器裏有眾多孔雀雕刻，說明孔雀早已被視爲吉祥之飛禽。孔雀在古滇國青銅器裏被塑造成各種樣子，孔雀紋鋤、圓雕孔雀鎭、孔雀紋鏟、孔雀銜蛇紋銅錐，孔雀蓋銅杯等。有時看著像鳳凰，有時看著像水鳥，這從一個側面反映出藝術創作的多樣與自由，顯現出本土吉祥鳥孔雀在薩滿教時代的宗教地位。

　　古滇國青銅器中出土的銅扣飾多有雕刻動物相互搏鬥的場面，視覺上給人以運動和旋轉的印象，從這些圖像甚至我們彷彿可以聽到動物相互搏鬥的嘶嚎聲音。虎、豹、狼、牛、羊、豬、鹿，相互搏鬥、撕咬，動物界的這類殘噬現象今天我們只能通過電視欄目觀看，其場面的慘烈，在野生動物界裏古今如一。

　　當然，古滇國也有的青銅動物雕塑是靜止肅穆的，因此宗教氣氛顯得特別穩重威嚴。比如，「紡織場面貯貝器」腰部的四隻孔雀，平均分佈在四個方向，作展翅欲飛狀，可能是鑄造好圓雕實物後，焊接到貯貝器腰部的，孔雀造型作意象處理，誇張了鳥喙，又大又長，開屏的後尾縮短成一個扇面整體；側面看，鳥身體成 s 形，它的彎曲程度剛好與貯貝器腰身凹進的部位協調，使得四平八穩的柱狀貯貝器增加了往四方擴展的活力，並有向上升騰的助力點和動向。再比如，晉寧石寨山出土的「當廬」（見圖 4-12），上面有浮雕的孔雀。因爲是在一個平面上的刻畫，孔雀被描畫爲正在舞蹈的狀態，它一腳立地、一腳後蹬，雙翅膀剛展開的樣子，用橫線組織了翅膀羽毛，挺胸立頸，頭部突然向後瞭望彷彿引吭高歌，背後是經過簡化的三片尾部羽毛呈

豎線分佈，羽毛富有裝飾味的圖案化處理，頭部的翎毛巧妙地隨當廬的外框往下墜，與左邊的翅膀形成呼應。此圖像線面交錯，疏密有致，佈局清新簡潔。

「祭祀場面貯貝器」是圓筒形器身，腰部稍微內凹，底部有三足，為立體獸爪形狀，腰部下凹處有對稱兩隻圓雕老虎，虎四足連接貯貝器身上，虎身矯健，四腿著力登地，尾尖著地，與後腿地面形成三角形，虎似蹲伏預備蹦跳，圓雕虎從頭到尾塑造圓渾整體，與不同的主體連接構造，氣勢連貫，取之於自然之虎，捨棄許多細節，重點保留虎身透露出的動勢氣韻，虎在這裡與其說是器皿的雙耳，寧毋說是貯貝器的守護神。虎一直是雲南原住地居民的圖騰，直到今天，它仍是彝族的圖騰。彝族創世史詩《梅葛》中描述造天地，是按照天神格茲的旨意上山打殺了一隻老虎，用虎的四根大骨做撐天柱，用老虎的肩膀作東西南北支柱，才把天撐起

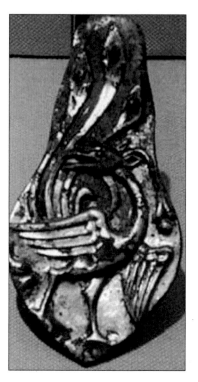

圖 4-12　當廬

（西漢，高 11.5 公分，寬 12.5 公分，
作者拍攝於雲南省博物館）

來。另外彝族創世史詩《阿細的先基》也有關於虎宇宙觀的記述，說虎的眼變成日月，虎皮成銀河，筋骨變山脈，腸胃成江河湖海。今彝族人認為虎是自己的祖先，在危難時刻會得到它的保祐和庇護。有俗語說人死一隻虎，虎死一枝花，人死後，火葬後，靈魂會還原為虎。《雲南志略·諸夷風俗》載「羅羅即烏蠻也酋長死，……以虎皮裹屍而焚，其骨葬於山中。」哀牢山中的彝族還保留了虎曆和虎星占。

再者，古滇國青銅雕刻裏，還有不少人與動物相互共存的題材，突出人與動物的相生，表現了狩獵時代的日常情景，如：一人三犬獵鹿、騎士獵鹿、八人獵虎、四人縛牛狩獵圖。古滇國人與動物之間關係密切，他們把動物視為本族的圖騰，雖然飽受兇猛動物的威脅。因此古滇國墓葬出土的雕刻藝術中，常有刺殺或圍獵猛獸的青銅雕塑場景，喧囂中又伴著冷冷的蛇和溫和的鳥類，孔雀則常以陽光的狀態被雕刻出來。所以，自然環境的特殊性和

歷史的局限決定了古滇國藝術內蘊，古滇國青銅雕刻表現的古滇國人與動物之間的關係是相剋又相生的。

（三）祭祀祖先

司馬遷的記錄裏僅僅以「西南夷」來概括西南居住的各個族群。就現代我國國內五十六個民族，雲南就有二十五個這一現象推斷，以滇池爲中心的古滇國也是多民族集聚的，不僅僅是古滇國人和昆明族，兩族僅爲稻作民族和游牧民族的代表而已。早在商周以前，草原游牧民族就已經在滇西北定居，游牧民族的遊走天性使得其攜帶著自身的文化因素走南闖北。古滇國青銅器裏高超成熟的冶煉技術和塑造、鑄造工藝來自北方游牧民族的可能性就順理成章了，還有後來來自於秦楚漢地的技術也有些影響。戰國時，長江流域的濮人和僰人入古滇，帶來了先進生產力地區的先進技術，無疑會被古滇國人盡力吸收。禮制文化也難免受到來自中原禮制文化的影響，當然來到古滇國立即就與本土禮制融彙，而後還有與印度和中亞的文明聯繫，都一併融入到本土文化的河流中。古滇國文化，從其青銅文明所展現的一切來看，相較於其它地域的文明是獨特的。對於祖先的祭祀，是人類文明的共性，古滇國人創作的青銅雕像猶如一幅悠長的歷史畫卷，記錄了古滇國現實社會的波瀾壯闊的場面，也顯現了古滇國王族們的意識形態。

在自然而神秘的祭祀儀式中，古滇國人首先是對太陽神、月亮神等天神的祭祀，然後才是祈求已經故去的祖先護祐。祖先的魂靈，轉化成了天神賜予的神聖威力，整個古滇國青銅器作爲陪葬聖物，其實就是對祖先隆重的祭祀。祖先的靈魂，通過帶羽翎冠、飾羽翼的羽人，再通過巫術的過程，與上天溝通，因此，古滇國青銅雕刻裏那些有序排列的舞者唱著神秘的樂曲，聽著鼓、笙、鐘、鑼的混合音響，喝著米酒，向著圖騰祭祀，把人間的意願帶給成仙的祖先，祈禱願望的達成。正如易學鐘先生所言「作爲一種特殊的隨葬品，亦可稱之爲『禮器』的『立雕群像貯貝器』。這些青銅器物作品顯示出墓主人『滇王』和『以什數』的『君長』等特殊人物，與這些重大活動的關係。主人就在其中，爲決勝的主將；……而真正祭祀的對象，如亡靈先輩——『神主』，則爲由活人扮演的在中國大地傳襲了幾千年之久的『尸祭』、『尸主』。……宗廟主室，也即後室，『爲尸所主』。『神主』獨居室中，面臨南窗『神牖』，諦視前堂也即『明堂』的演禮，如接受『迎神』、『曲踴』，多人雙行，一致面對『神主』屈膝半跪，伸舉手臂，以表忠心。這些場景與《周禮》

（漢代重修）、《儀禮》、《禮記》等先秦禮儀文字的記載堪比，深度契合。」
〔註 12〕著名詩人于堅也寫到，「《梅葛》史詩是彝族人的一種演唱方式，意思
就是『唱過去的事情』，其中一段：『開始的時候沒有天，開始的時候沒有
地，天和地呀，是格茲神的五個兒子造的，是格茲神的四個女兒造的。』另
外一段唱到：「萬物都是老虎變的，用老虎的左眼做太陽，右眼做月亮，虎
鬚做陽光，虎牙做星星，虎油做雲彩，虎氣變霧氣，虎肚做大海，虎血做海
水……」〔註 13〕。唱「梅葛」的可能是巫師，他們傳承了彝族口傳的歷史，
虎是彝族的創世之神。現代聚居在紅河谷的傣族也崇拜猛神、寨神、家神等
先祖神靈，他們有靈魂觀念，「夥色」是主持村寨祭祀活動的巫師，也是傣族
遠古習俗文化的繼承者和傳播者。今天紅河谷傣族還留有「貓貓跳」的原始
祭祀舞蹈，為巫師所跳。而歷史學家張光直先生則認為，神話賦予氏族徽章，
以證明其存在的合理性。英雄神話幾乎總是千篇一律地講述宗族祖先的功德
行為，他們正因此而在祭祀時受人讚頌。……如發現祭祖不符合規矩者，領
主即被貶黜。如討伐敵國和敵對政權，要搗其祖廟，奪其祭器，以徹底毀滅
之〔註 14〕。可見祭祀行為和過程圍繞了古代文化精神的核心，在古代宗教社
會裏其重要意義尤其顯見。

　　古滇國青銅器裏的符號有以人為主題意象而成的，有以動物為對象歸納
而成的，有以太陽雲雷等自然物象為基礎抽象而成的，都昇華為族群精神的
能指，這些源於現實世界的物質，逐漸遠離本有的痕跡，經過數百年甚至上
千年的特異心理指向的語言錘鍊，加持了宗教和精神的意義。其能指的力量
任意而無窮，穿越幾千年的時空，有平面的、立體的，有如古滇國青銅武器
的代表作「懸俘矛」，其暗示、象徵了古滇王國征戰勝利的心理強勢。這手塑
的人體，是立體的，卻是特別的古滇國符號，懸掛於銅矛尖端，為祭祀而鑄
造，也象徵王權的威嚴。古滇國青銅器中的符號，形式和內容非常豐富，其
超越了所指的概念，留給人類諸多聯想的空間。

〔註 12〕姚鐘華編著，易學鐘文「青銅雕像的緣分」《古滇青銅器畫像拓片集》，雲南
　　　　美術出版社，2008 年 12 月版，第 67 頁。

〔註 13〕于堅著，《在遙遠的莫斯卡》散文「大地深處」，鳳凰出版傳媒集團，2011 年
　　　　版，第 11 頁。

〔註 14〕張光直著，郭淨譯，《美術、神話與祭祀》，生活・讀書・新知三聯書店，2013
　　　　年 1 月版，第 31 頁。

第五章　雲南古滇國青銅雕刻的造型特徵

　　具象寫實的青銅雕塑——再現古滇國政權、戰爭、祭祀、生產、習俗、日常生活，選取的細節具有代表性。這樣的具象雕塑的塑造方法，不斷撥開人們看清古滇國社會現實的迷霧。古滇國青銅人物與動物雕刻造型基本按照自然「原貌」塑造，沒有圖案化的紋飾概括，直接寫實記錄古滇國人的各種狀貌和動物的本來形象，沒有留下文字的古代滇民，用儘量接近真實的雕塑方式仔細記錄了當時人們的形象及其生活。滇池南岸晉寧石寨山出土的青銅器和青銅雕塑中，有許多塑造精細的人物、動物圓雕，說明當時的創作和鑄造水準，可以達到寫真的高度。這些雕刻組合已經建構了古滇國雕塑的風格，它們的造型與敘事呈現遠遠超過了藝術語言的含量，形象化地揭示了古滇國文明某種神秘的背景，它啓發研究者的並不僅僅是藝術風格的表象，完全可以以圖像做頗有力度的闡釋。

第一節　寫實技巧塑造的生活畫卷

　　除了在手法上極力描摹真實外，古滇國青銅雕塑還以眾多的人物展示了當時的社會生活場景。難道這眾多的熱鬧場面要陪著墓主人共死共生，難道古滇國人也相信，他們能復生或有生死輪迴，在地下的世界也要配置相當級別的生活用具和起居出行的行頭？古滇國墓葬出土的青銅雕塑有大量的對古滇國現實生活的記錄，從中可以閱讀故事情節，有戲劇場面的描述和衝突，還有連環畫式的展現。說明古滇國的雕塑工匠，並非只是戰爭擄掠來的普通

奴隸，而是有著固定的審美模式的專業雕塑工奴。他們地位不低、可能是由王室長期供養的技術高超的藝人，而且是一個職業群體，按照常規，古代冶煉技術一般掌握在具有較高地位的巫師手裏，爲宗教祭祀或煉丹服務，實際上是服務於王族，即統治者的最高階層。面對出土的青銅器，循著精美的古滇國青銅雕塑，走進文明與造型的交匯之處，這些具體的立體圖像是時代精神與藝術家個性命運的交融之點。

這些具有舞臺味的青銅雕塑慢慢展現了古滇國政權、戰爭、祭祀、生產、習俗、日常生活，其選取的細節具有戲劇性。這些具象雕塑因爲注重細節塑告，其目的似乎爲了讓人們看清古滇國的眞實世界。古滇國的雕塑藝術家把具象青銅雕刻做到了雲南地區在遠古時期的高點上，是古代雕塑藝術的一個特例，成爲獨立於其它文明的特殊的青銅雕刻藝術，讓後來者爲之頂禮！與其說人們是在探尋古滇國青銅雕塑的語言魅力，不如說人們通過這批瑰寶，仰望到了古代滇國世族先民的精神之光。雖然古代工匠不爲藝術本身而作藝術創造，但是的確留給今人無比輝煌的雕塑藝術。

從滇中湖泊群周邊墓葬中出土的古滇國青銅雕塑，被轉移到了博物館裏，是它們，讓今天的人們感受到了古滇國文明的魅力！這些雕塑，直接傳達給面對它們的觀眾的信息，是一種在系統文明的懷抱裏產生的藝術。可惜，文明戛然而止，被某種文明淹沒，並且沒有留下文獻，這些具象和抽象的雕刻藝術成爲訴說古滇國文明的另類文獻。這些青銅雕刻組合已經建構了古滇國雕刻的風格，它們的敘事呈現遠遠超過了藝術語言自身的含量，生動、詳盡地講述了古滇國文明背後的深層源流，它用圖像的眞實讓述說變得簡練直白，並用藝術風格的導向撒播古滇國文明的種子。研究者面對古滇國青銅雕刻，注視、審視、思考、觸摸歷史，是某種文明的精氣好像穿越了時空，觀者得以呼吸古滇國的仙氣，這個精神像是一場交響音樂會，它有序曲、有獨奏、有交響、有指揮，節奏牽動於人的靈魂，跌宕起伏，詩畫交響與心靈溝通，遠古與今天的智慧在相互啓迪。面對這些平靜的、緩慢的、塑造頗具手感的、有泥味的雕塑群像，世人難以平靜對古文明的景仰之心。那通暢、輕鬆的輪廓線，敘述著祭祀的嚴肅，在貯貝器頂蓋，圍繞著太陽中心的祭祀群雕，渾厚寫意，從體量到群體都充實著由內而外的力量，還有古樸的古滇國氣質。

對古滇國生活細節的寫實再現，見證了不同社會階層在古滇國現實中的

存在。現存的古滇國青銅雕刻中，有許多以群雕形式塑造的「場景」，它們仔細地記錄了古滇國社會的現實。

先說以青銅雕刻記錄的祭祀活動，古滇國青銅雕刻塑造的祭祀儀禮場面，似乎是率性地速寫，其實是一絲不苟地如實記錄祭祀過程。古滇國人的祭祀活動，秩序井然，有條不紊，祭祀與生活、娛樂相伴而進行，在世俗的氛圍裏操作神秘的儀式。不像北方商周王朝祭祀的禮儀，有一套嚴格的標準，其儀禮是濃縮到象徵性的祭祀器物上，以及形成程序化的頗具象徵意義的圖像，比如鼎、爵及其器身的饕餮紋、回龍紋之類，具有隆重的符號意味。而西南的小方國——古滇國青銅雕刻裏表現的多種類的祭祀，沒有太多幾何化的象徵圖像，大多是對古滇國原始宗教儀式現場的眞實再現。

晉寧石寨山出土的青銅器，塑造了精細的人物、動物圓雕，說明當時的創作和鑄造水準，可以達到寫眞的高度。但是，此祭祀場面貯貝器蓋上的組合都是寫意的，作者有意迴避了個體對象的寫實，把注意力集中到了對眾多物象的相互關係中，以及由相互關係所構成的宗教神秘氣氛中。從地下墓葬發掘出來的這組群雕，的確讓今天的觀者感覺到了，古滇國祭祀活動場面重現的現場感。這樣的氛圍，在今天雲南某些邊遠的民族部落還可以見到，人類學調查的學者們親臨現場有夢回古滇國的幻覺。今天的雲南山脈大河腹地，許多少數民族生活的村寨確有人類學活化石的美稱。當然古滇國的雕塑家營造這樣的氛圍，還原墓主人生前的原貌的用心良苦，也許有其政治、宗教的目的，而今天的研究者從藝術研究的角度，看到的是雕塑創作的巧妙，青銅雕塑語言運用的成熟。沒有精雕細琢，而依然不乏細節，熟練、生動地展現了當時的社會原貌。

其中，具有代表性的「戰爭場面貯貝器蓋」（見圖 5-1，器身已殘，只剩器蓋，蓋直徑 30 釐米）其上群雕共十三人組合，中央騎士騎在馬背上，全身鎏金。戴頭盔、穿鎧甲、束腰帶、佩劍、左手勒繮繩、右手飛矛向下刺，馬脖子旁系著一個人頭。騎士帽子式樣爲來自西北草原的游牧民族樣式。周邊圍繞騎士一圈的是步卒，均處於與敵兵搏鬥的動態之中。他們基本蹲著左足朝前、右足置後的弓步，地上已躺著三人，似乎已經被戰死。地上躺的裸體人體結構造型準確，藝術手法概括，人體結構和形體轉折把握熟練，塑造洗練，留有手塑的泥痕餘味，展現了古滇國工匠藝術家深厚的寫實功底和藝術修養。戰士的形象是草原民族的面部特徵，鼻子高，臉方正，正面和側面

轉折明顯，體形魁梧雄壯，有馬上民族的彪悍。諸如此類的戰爭場面的塑造還在別的貯貝器蓋上存在，佈局相似，中心依然是地位較高的騎士。戰爭的場面，在古滇國青銅雕刻中比較多見，圓雕、浮雕、線刻都有，分佈在不同的位置，貯貝器蓋面上、扣飾裏、銅器腰身，騎士是古滇國人歌頌的對象，戰爭的勝利依賴於騎士的武功，戰爭的勝利帶來古滇國的穩定安居和物質的豐厚。

圖 5-1　戰爭場面貯貝器蓋

（西漢，蓋徑 30 公分，作者拍攝於雲南省博物館）

　　騎士在古滇國的社會裏屬於貴族階級，是受到尊重的社會上層，在祭祀的青銅器裏，塑造戰爭場面圓雕作為祭祀對象是必然的行為，而騎士在祭祀場景群雕裏的核心地位較為明顯。騎士被塑造得器宇軒昂，騎士的鎧甲、臂甲雕刻得精美無比，這些裝備都是古滇國獨一無二的樣式。騎士不僅出現在沙場，還在戰勝馴化野獸的事務中大顯身手，青銅扣飾上的騎士可以騎馬飛身獵鹿、投擲兵器，騎士的形象無論是寫實還是寫意，都雄赳赳、氣昂昂、驍勇英武。古滇國人也在宣揚騎士精神的榮耀。當然，騎士是後來的研究者賦予其名字的，古滇國王權賜予善戰者什麼職位，不得而知，無疑他們是善戰騎馬的武士。我們是以他者的眼光來看待古滇國青銅雕刻。再者，還有一個有意義的現象，就是古滇國青銅雕塑塑造的武士都是勝利者的姿態。就如

巫鴻先生的觀點所言，是否塑造騎士形象具有紀念碑的價值和意義呢？筆者同意巫鴻的觀點，並且在青銅雕塑的文化意義探索上，也認可「紀念碑式的騎士」的稱謂。

古滇國青銅人物與動物雕刻造型基本按照自然「原貌」塑造，沒有圖案化的紋飾概括，直接寫實記錄古滇國人的各種狀貌和動物的本來形象，沒有留下文字的古滇部族，用盡量接近眞實的雕塑方式仔細記錄了當時人們的形象及其生活。本是用於陪葬的青銅雕塑，被今天的研究者用今天的視覺經驗判斷這紀錄片式的場景，用今天的人們的現代思維來命名古滇國青銅器和雕刻藝術。比如，在青銅圓雕裏頭有一類特殊職業，就是「執傘俑」（見圖5-2），有男性、有女性，是為古滇國王權貴族撐傘的僕人級別的

圖 5-2 執傘俑

（西漢，高 50 公分，
作者拍攝於雲南省博物館）

角色，他們都是跪坐姿態，塑造得非常寫實，眼神、鼻子、嘴部眉宇都用心寫眞，每個人的髮髻各異，表情不一，衣著大同小異，在用雕塑將人物動態、形體、比例塑造好具象的圓雕之後，適當用線刻手法塑造面部，比如眉毛、頭髮梳理的方向，衣服上的孔雀、蛇或幾何圖案，手和腳，按照今天學院解剖的觀點看也是非常合乎人體結構規律的，古滇國藝術家用盡心力塑造為主人撐傘的人，說明這個位置的重要。雲南省博物館的黃德榮先生在《執傘俑考》一文中認為，有的觀點認為是守護財產，有的認為是招魂，他認為就是顯示身份，儀仗性質，遮蔭。他們是墓主人的貼身奴隸。「執傘俑」，具有典型的古滇國文化特徵性，在其它文明的墓葬裏就沒有類似的執傘銅人，而且身份極其特別；其次，從執傘俑的製作工藝可以研究古滇王國冶銅技術和鑄造工藝的成熟。遠在漢文化大面積進入古滇國以前，古滇國青銅工藝就已經有了長久的歷史，這可以從劍川海門口的青銅劍和楚雄萬家壩銅鼓、祥

雲大波那銅棺等實物的鑄造工藝得以證實。

　　另外，動物雕刻，也是古滇國青銅藝術中佔據比例較大的。動物首先是時常出沒於古滇國人生活中的熟物，其次在古滇國人原始宗教意識裏有舉足輕重的地位。古滇國人如此用心塑造動物的各種動態，用主觀和客觀的視覺，多方位地塑造動物，而且，塑造方式是重視對象本身。牛、虎、鹿、蛇、豹、狼、孔雀，鴛鴦、鵜鶘、魚、蜥蜴、蜜蜂。自然中的動物如實地被雕塑、刻畫在古滇國青銅器上，極盡寫實的可能。

　　在人類的童年時期，動物伴隨人類的周圍，動物的攻擊和兇猛使得人類無所適從，在與動物的長時期較量後，有的動物被神話為人類的圖騰，比如「玄鳥生商」的美麗傳說帶來鳥類崇拜，也說明東夷與商的歷史關聯，使得商代青銅器變幻出豐富的鳳紋圖案。有的動物被戰勝馴化，成為財富高級禮制的象徵，比如「四羊方尊」，羊體上裝飾高冠的鳥紋，尊肩部浮出四條蟠龍。龍頭是圓雕，伸出後在兩羊頭之間，本來是寫實的羊頭造型，加上象徵性的動物雕刻，從而使這豪華的尊的意義非同凡響。古滇國的原始宗教和禮制大概與商迥異，所以在青銅動物的寫實造型上強調了不同的視覺效果。古滇國人沒有轉換或者改造原來的動物形象，比如：牛，古滇國人雕塑出了牛的真實相貌，其威武、其健碩，它區別於世界上其它牛種的細節，體形高大，突出的肩峰，長而彎曲的牛角從前額衝出，前額寬闊，頸部下垂肌肉發達，尾巴頎長，四肢粗壯。被生物專家研究後成為「封牛」，也有觀點認為與現在雲南南部的印度野牛有親緣關係。

　　古滇國人在造型上的寫實精準度足以讓現代的動物專家把其作為生物物種的研究線索，可以想像古滇國雕塑家塑造封牛的初衷。再有，就是古滇國的扣飾上的青銅動物雕刻，選取運動中的野獸，極力表現野獸狂奔，相互之間撕咬、打鬥、纏繞的現場感，彷彿能夠聽到豹子的吼叫、老虎的嘯聲、野豬的喘氣、鳴鹿的呦呦，這裡絲毫沒有作為祭祀器物的莊嚴和神聖之氣場。古滇國人為什麼要這樣創造青銅雕刻的動物形象呢？這樣的扣飾佩戴在古滇國騎士和王族的腰帶上，應該是古滇國部族區分等級的實物體現。

　　面對古滇國青銅雕刻的實物或圖片，一件件圓雕、浮雕或線刻，如同流動的影像，訴說著古滇國社會的方方面面，可以稱之為鴻篇巨製。以青銅雕刻這種特別的方式言說著古滇國社會生活的畫卷。這樣的寫實再現畫出了古滇國族群精神寄託的線索。毫無疑問，古滇國青銅雕刻的再現不是就事論

事的過眼煙雲，除了非常重大的功用——陪葬外，它還一定是在傳達統治者和創作者的精神信息。眾所周知，祭祀是儒教禮儀中的主要內容，禮有五經，莫重於祭，所以祭祀是華夏禮儀的重要的一部份。祭祀對象分爲三類：天神、地祇、人鬼。那麼，古滇國的祭祀對象本來應該是有自己的源頭的。祭祀太陽神是各族群共同的特徵，其它的祭祀對象也分別存在於不同的世界裏，居住在水岸邊的族群祭祀龍圖騰、鳥圖騰，居住在山裏的族群祭祀山神、樹神等。對應人類學研究，雲南現在的少數民族的原始宗教還存在有東巴教、本主崇拜、自然崇拜等；許多少數民族都崇拜以動物和植物爲對象的圖騰，也有不少生殖崇拜。回到兩千年前的古滇國，其崇拜的圖騰是否是單一的呢？其祭祀的對象是否也是多樣的？後來是否受到儒家祭祀文化的影響了呢？

　　所不同的是，黃河流域的祭祀青銅器以鼎爲中心，衍生出了豐富的祭器文化，具有異常規範的樣式，圖案化的象徵性器形和銘文是其最具特色的文脈。古滇國人塑造了眾多寫實的青銅雕刻，匯合具有象徵性的典型青銅器物，記載著古滇國現實生活的存在，演繹了特別的祭祀文化和藝術風格。

第二節　激情表現的生命活力

　　古滇國青銅雕刻，不僅僅只存在神秘凝重的意境，它也通過塑造人物表情、姿態、群體活動來突現古滇國社會生活的豪邁、浪漫。同時，在動物圖像的塑造方面，也是有一類青銅雕刻表現了動物的運動與情感，其用寫實的藝術方式傳達古滇國部族周圍洋溢的生命活力。這類雕塑數量頗多，幾乎成爲古滇國青銅雕刻的典型藝術特徵。這樣的藝術審美思維反射了古代滇人的世界觀或生死觀。筆者認爲，大量的寫實再現雕塑首先表達了古滇國人的自信。司馬遷《史記‧西南夷列傳》有記載公元前 122 年（武帝元狩元年），漢朝派使臣到古滇國，滇王問漢使臣「漢孰於我大？」不管外界如何評價西南夷人妄自菲薄、夜郎自大，但是由此可以判斷，古滇國文明應該早在先秦禮制的成形前，就已經有了自己的文化邏輯。自信，也許來自於古滇國人生活環境的優越，他們上千年生活在牛羊成群的湖泊周圍的廣大地域，生活富庶，軍事強盛，是周邊幾個小方國的霸主，而處於知足的狀態。古滇國人也許不知道，遙遠的北方還存在大漢這樣的超級帝國。滇人「椎髻，耕田，有邑聚。」「滇王者，其眾數萬人。」《後漢書‧西南夷傳》說滇池周邊是「河土平敞，

多出鸚鵡、孔雀，有鹽池田雨之饒，金銀畜產之富。」

上天神靈賜予的福分，使得古滇國人在崇拜眾神的當下，有一種奇特的自信，對現成的習慣了的生活充分滿足。他們把現實的古滇國生命活力以雕塑形式表情達意，這種生命的活力充滿在各類器物中，在貯貝器上、扣飾上、武器上、農具上都有雕刻，古滇國的祭祀器物同時需要生命的力量，在神聖的祭祀儀式中，生命的鮮活也是必不可少的元素。滇池周邊富饒的土地，吸引了各族群長期的爭奪，歷史學界對古滇國主導族群的觀點不一，有的先生認爲是古代滇僰，有的學者認爲是百越一支，無論主導如何，但有一點是公認的，就是其中雜居了漢人、僚人和昆明人，而昆明人因爲屬於游牧民族，騎馬戰鬥力強悍，所以沿滇

圖 5-3　鬥牛扣飾

（西漢，長 9.5 公分，寬 5.5 公分，
作者拍攝於雲南省博物館）

圖 5-4　虎豬搏鬥鎏金銅扣飾

（戰國，高 5.4 公分，寬 14 公分，
作者拍攝於雲南省博物館）

池區域居住較多，而且連接西部的洱海地區，向東北方今曲靖乃至昭通擴散，形成後來彝族群居的片區。尤中先生在《雲南民族史》中認爲，曲頭木耳是昆明人的外部特徵之一，僰人、昆明均屬氐羌系，昆明好居住半山區和山區，後來形成唐以後的昆明十四姓，是今天滇、川、黔三省連接地彝族的祖先部落。(《華陽國志‧南中志》說，「夷人大種曰昆，小種曰叟，皆曲頭木耳，環鐵裹結。」《呂氏春秋‧恃君覽》載「氐羌呼唐，離水之西，僰人、野人，多無君長。」)

從古滇國青銅雕塑裏的眾多寫實雕像裏，就可以看出不同的族群出現，而且放置在不同的場所，面部特徵、服飾、頭飾、披掛、習俗都得以如實雕

塑。古滇國習俗：鬥牛和剽牛，可以和今天雲南少數民族的節日裏的鬥牛剽牛對應。青銅雕塑的鬥牛場面的局部，對應今天石林彝族火把節鬥牛的現場。火把節鬥牛似乎重現了青銅雕塑凝固的歷史瞬間。那火把節上的舞蹈者，在民族樂器三弦的調子裏無盡地跳躍，也彷彿是青銅雕塑裏舞蹈循環的再現。紅土地上的撒尼人，在濃重的宗教氛圍裏延續祖先的遺傳，對大地和上天的滋養心懷感恩，可以想像，當年古滇國人懷著同樣的感恩之心鑄造了青銅雕塑，以表示對現實的滿足和對眾神的謝意。於是，孔雀、鴛鴦、水鳥、魚、牛、馬、虎、熊等

圖 5-5　七牛貯貝器

（西漢，高 19.5 公分，蓋徑 47 公分，《中國青銅器全集》，文物出版社，1996 年版，作者拍攝於雲南省博物館）

寫實圓雕是那樣的生動自然。筆者難以用現實主義這個詞，來概括古滇國的雕塑寫實手法，因為它沒有遵循現代的比例和解剖，它只是保持了古滇國特有的生活原汁，使古滇國青銅雕塑是它自己，惟妙惟肖，充滿生命原動力。今天的研究者沉醉於古滇國青銅雕刻的造型之道和視覺感的神秘，青銅雕塑的內在張力被古滇國雕塑家們控制得近乎完美。

圖 5-6　牛頭銅扣飾

（西漢，高 9.8 公分，寬 19 公分，作者拍攝於雲南省博物館）

這些冰冷的雕塑在兩千餘年後面世人間，其寒光閃爍折射了古滇國文明的高度，一個西南邊遠的小方國具有怎樣的綜合國力，才會醸造出這杯醇厚的酒──如此震撼的雕塑文化。正如蘇珊·朗格所言：「形式直接訴諸感知，而又有本身之外的功能。它是表象，卻似乎充荷著現實。正如語言那樣，它不過是響度不大的營營之聲，卻充滿著本身的意義，而它的意義即爲現實。」〔註1〕

古滇國的原始宗教，包括自然崇拜，動物崇拜，祖先崇拜，農神崇拜和生育崇拜等〔註2〕。還有山神崇拜、水神崇拜、天神崇拜、烈日崇拜、谷神崇拜等。古滇國人自有一套禮制，動物崇拜的影響在古滇青銅雕刻中最具深度，古滇國工匠雕塑家原原本本地把動物的雄姿和打鬥的場面雕塑出來，極少見抽象化的動物變形的平面符號。古滇國人要想說明的意圖和願望，通過直接的對自然的塑造來表達，青銅扣飾和貯貝器上的動物形象就是動物本性的塑造，牛的憨厚壯實、馬的健碩、虎的威風暴烈、豹的敏捷兇猛、孔雀的神性瑞福，鹿的祥和感性，被古滇國雕塑家塑造得充滿了無限生機。它們與商周青銅雕刻裏塑造的饕餮世界的獰厲之美完全是不同的路數。古滇國青銅雕刻在有意無意間保留了自然世界的原生態的氣場，（而商周青銅器物被篩選後再無比精細地製作，顯示了完美的宮廷做工。）原生態氣場的因由是緣於古滇國的君主文化還沒有練達成熟，缺少一套嚴格的政體程序或宗廟禮制，在慢慢形成的過程中尤顯生疏，古滇國人處於生產力相對落後的狀態，在戰勝自然的環節中，對自然世界的依賴和畏懼的某種氣息，保留在青銅雕刻的靈魂裏，顯得神秘詭異。

古滇國青銅雕刻，用現代詞彙描述，可以說是再現的對生命力的自然寫實，是表現的、象徵的，古滇國的雕塑家把握好了造型的極佳元素，保持了最具特色的原始寫實風格，最佳狀態地留住了自然的神性力量。祖先崇拜不是這裡獨有，全世界的人類初始族群都有，只是古滇國表達的形式獨立而已，那就是青銅雕塑塑造方式的獨立性。祖先崇拜，或敬祖，顯示了對生命原動力的延續。即在親緣意識中萌生、衍化出對本族始祖先人的敬拜思想。氏族社會的演進確立了父權制，原始家庭制度趨於明朗、穩定和完善，人們逐漸

<hr>

〔註1〕蘇珊·朗格著，劉大基、傅志強、周發祥譯，《情感與形式》，中國社會科學出版社，1986年8月版，第63頁。

〔註2〕張增祺著，《滇文化》，文物出版社，2001年版，第146頁。

有了其父親家長或氏族中前輩長者的靈魂可以庇祐本族成員、賜福兒孫後代的觀念，並開始祭拜、祈求其祖宗亡靈的宗教活動。其崇拜行爲的特點，是相信其祖先神靈具有神奇超凡的威力，會庇祐後代族人並與之溝通互感；最後超越了原始圖騰崇拜和生殖崇拜的認識局限，不再用動植物等圖騰象徵或生殖象徵來作爲其氏族部落的標誌，而以其氏族祖先的名字取代，由此使古代宗教從自然崇拜上升爲人文崇拜〔註3〕。雲南古代或近代居住的民族，大多有祖先崇拜的習俗。在他們看來，祖先生前是本家族的創業者，死後又是子孫後代的保護神。往往是自然崇拜和祖先崇拜同時信仰，互不替代。古滇國青銅雕刻裏雕刻的祖先崇拜的場景，保持了古滇國生命的源流。古滇國雕刻裏眾多的舞蹈、宴飲、奏樂、競渡、歡歌等場景，是多種祭祀崇拜的娛樂再現，古滇國人也通過這些形式烘託歡快的生命原動力。

當造型規律被文明的理性程序化以後，原始的宗教和生命的動力成爲重現不拘一格的造型的源泉，從初始的狀態導引視覺的新鮮感，從而獲取雕塑空間外展的張力。美國哲學家蘇珊‧朗格認爲某種程度上生命本身就是感覺能力，如果要使某種創造出來的符號（一個藝術品）激發人們的美德，就必須使自己成爲一個生命活動的投影或符號呈現出來，必須使自己成爲一種與生命的基本形式相類似的邏輯形式。這是現代人用美學和心理學的觀點，分析視覺藝術比較有代表性的觀點。

古滇國雕刻的服務對象可能不是爲美學的，然而這絲毫不影響它們作爲視覺藝術的生命力的來源，人類從始至今共有此生命力。古滇國青銅雕刻親切可觸，把握了生命的氣場，雕塑了古滇國社會的方方面面，它恍若發生在昨天的鄉村集市、山野游牧中。青銅貯貝器蓋上的納貢人群、祭祀群雕、紡織女俑、牛群馬群等，把宗教和生活融合在一起，圓渾的雕塑造型蘊蓄了青銅本有的質量感，宗教的力量和生命的力量團聚在這些古滇國青銅雕塑群像裏，熱烈而渾厚，不像四川廣漢三星堆青銅面具那樣冷峻而遙不可及。

用雕塑的立體形式表現人類的激情，是世界各民族從古至今在造型藝術中慣用的手法，但是每個民族文化中的再現語言則是千差萬別的。同樣是雕塑的形式，古代埃及人、古代瑪雅人和古代蘇美爾人都採取了各自的表達語言，以至於呈現了五彩繽紛的藝術面貌和各自文化獨有的感染力。表現激情達到極致的是十九世紀歐洲的巴洛克雕塑。古代的雕塑，多是爲王權政治所

〔註3〕 張增祺著，《滇文化》，文物出版社，2001年版，第147頁。

用來展示王威或記錄王朝大事的載體，當然還伴有著巫術或宗教的附屬功能，但是依然服務於王權。古滇國的青銅雕塑也不例外，比如，靜態的滇牛和老虎，這類動物本身就是充滿生命力的，在自然中是力量的象徵，所以，在塑造的時候，不用太多的誇張，古滇國雕塑家認準了動物天然的原動力，準確把握生命的爆發力，理解生命精神的立足點，所以古滇國青銅圓雕雖然是靜態卻湧動著四射的張力，不管它們當初的角色如何，留給今天的研究者的形象，置於眼前，卻彷彿是再現的又一個傳奇神話。古滇國的工匠們花費巨大的心血製作如此精美細膩的青銅雕刻，除了充實的物質基礎之外，其寄予的精神依託也不難想像。而面對這些數千年以前的神聖之物，人們也會被他們強大的氣場所感染，不知不覺地進入到古滇國青銅雕刻的精神世界之中。這是古滇國青銅雕刻所擁有的「生命活力」。

第三節　疊加手法的宏觀效應

　　古滇國原始樸素的宗教觀念，對古滇國人青銅雕刻的塑造有根深蒂固的影響，古滇國出土的青銅雕塑，幾乎都是被置放在器物上，有的在兵器上、有的在扣飾上、有的在貯貝器上、有的在樂器上。置放面或點的面積都相當有限，最大面積的是貯貝器蓋面，而貯貝器蓋面大多都在直徑 50 釐米以內，這表現了青銅器與青銅雕刻的完美組合，這是雕塑與器物疊加形成的特殊的空間。古滇國青銅雕刻，自然而真切，有的寫實浪漫、有的寫意簡括，當它們被疊加在神聖的青銅器物上，立即重現了雕塑藝術之外的宏觀效應。它們是用於祭祀的重器，承載了宗教和王權的某種希望。疊加手法運用得有層次、有秩序、有重點，通過器物上的雕刻組合，可以看清楚古滇國雕塑家們對技法的熟練掌握，及其順應祭祀主旨的統籌安排。

　　晉寧石寨山出土的「四牛鎏金騎士貯貝器」，（如圖 5-7）其器蓋中央放置了一圓雕，為騎在馬上的銅鎏金青銅武士，圍繞圓周的是四頭圓雕青銅長角封牛，貯貝器外壁有對稱的兩隻圓雕老虎，頭朝上，做吼嘯狀，尾部力抵器壁，似向上奮力攀爬。整組圓雕的組合方式，出其不意地經營位置，製造了全新的視覺空間，人、馬、牛、虎等，在以貯貝器為依託的立體世界裏合理佔領各自的空間，觀者在任何角度觀看都有不同的張力氣度。然而，當觀者假設把貯貝器做重複旋轉的時候，會發現旋轉後的向心力一直集中在鎏金騎士的身上，這組圓雕的視覺張力達到了預期的效應，因為中央的鎏金騎士銅

像是此組雕塑的重心，所以騎士高高在上。巧妙的佈局，使得這組依附於貯貝器的群雕與貯貝器整個身體融為一體，獲得飽和的視覺張力，又穩重恆定，而達到王室需求的高貴肅穆的意境。當然，除了佈局帶來的力度，還有雕塑家塑造圓雕時對動態的設計，對人和動物肌體的塑造帶來的張力，這也是此組雕塑力量和空間飽滿必備的要素。這類以圓形平面和圓柱為氣場營造的空間在古滇國青銅雕塑中，不勝枚舉。兩千多年前的古滇國王室的視覺審美，用今天的視覺規律去衡量，依然經典，堪稱為藝術的巨製，不得不讚歎古滇國那些無名而優秀的雕塑藝術大師。此時多麼渴望在古滇國的歷史上也突然記錄了戴奎或顧愷之這樣的傳奇藝術家的符號，「他」其實是眾多藝術高人的重疊或合影。

圖 5-7　四牛鎏金騎士貯貝器

（西漢，高 50 公分，蓋徑 26 公分，
作者拍攝於雲南省博物館）

　　我國文獻中，是以「服牛」和「乘馬」並稱，軍事制度也是馬車、牛車並用。馬是用於駕戰車，牛是用於拉輜重車。這是畜牧業的貢獻，但農業也有參與（如車馬器的製造）〔註 4〕。游牧、狩獵慢慢過渡到畜牧業。反映游牧生活的「狩獵疊鼓貯貝器」，（見圖 5-8）是古滇國青銅器中，整體佈局的典型器物。器蓋上是張力四射的圓雕，兩位騎在馬上的武士為主角，馬在跳躍嘶吼中圍獵鹿群，其中一騎士奮力追逐一鹿，中間有一兵士帶著兩隻獵狗，在奔跑吆喝，幫助圍獵地上的兔子和狐狸，有濃烈的戲劇性氛圍。舞臺效果般的設計記錄著那個時代的代表性主題——狩獵，旋轉的動態讓人的思維回到立體的古滇國社會，此群雕在力學上強調結構的奇巧所帶來的量感，注重雕塑與器物之間的比例、尺寸、方圓，古滇國雕塑家能夠宏觀地協調雕塑與器物的整體用意，強調宗教的主旨和生命固有的原動力的統一。疊鼓壁上

〔註 4〕李零著，《花間一壺酒》，山西人民出版社，2010 年 5 月版，第 60 頁。

層的鼓壁上，是四隻對稱的圓雕鹿，塑造了閒適地趴在草原上休息的姿態。下層銅鼓壁上圓雕的四頭牛，也是悠然地臥在草坪上歇息的樣子，這件用破損的銅鼓重疊合成的貯貝器連著上面的雕刻一道，形成了特殊的空間。特殊的空間必然牽引、涉及特殊的環境，它作為陪葬物的主要重器，在地下世界中與墓主靈魂對應，其它的隨葬青銅器物，如兵器、農具、酒器、首飾等在各自相應的位置相互呼應，形成假想的對話環境，這樣的祭祀重器與雕塑的合二為一，其實是古滇國人世界觀的心理訴求，謹以青銅雕塑作為外在的形式來表達，以求永恒。

雕塑藝術本身的張力和觀者的視覺對接，帶動了心理空間的擴張。變形、傾斜造就的張力，就與觀看者的視覺產生了聯繫，視覺的空間影響了思維的空間，同時又因思維而引導視覺感受的張力。青銅器陪葬物與假想

圖 5-8　狩獵疊鼓貯貝器

（西漢，高 62.1 公分，胴徑 39 公分，作者拍攝於雲南省博物館）

觀者的關係其實是雕塑作者們生死觀意識的物象反映，進一步講，是一種哲學觀點的三維立體再現。古滇國青銅雕塑極其經典，從現存的青銅雕塑推理，這個小方國的工匠藝術家造型能力是不同凡響的，但是，墓葬坑壁上竟然沒有壁畫的任何痕跡？！（這是另外的問題，此不涉及）如果有壁畫，再加上青銅器物所佔領的空間，那將是一個更加立體、豐富的地下世界。此器物全方位地突顯了古滇國青銅器和雕刻的黃金構成，首先是銅鼓疊加後形成的貯貝器，其次是精美的圓雕群在器蓋和器壁上的佈局；還有，在貯貝器器壁上刻滿了動植物圖像，層次清楚，井然有序，是線刻在器物上疊加藝術風格的典型代表，這是青銅疊鼓祭祀器物的張力表達。

　　再者，從空間的寓意出發，「狩獵疊鼓貯貝器」在器蓋上擺放的是鑄銅鎏金的圓雕，頗具匠心，周圍輔助以不同圓雕和線刻，在形式上巧妙佈局。雙層銅鼓重疊的貯貝器側面器壁上首先是線刻的植物和動物，曲線飛舞，圍繞鼓壁有六層線刻圖像，上層爲飛舞的熱帶鸚鵡，二層爲獵人馴鹿，三層爲虎蛇植物，四層爲孔雀蹦躍飛，五層爲虎牛對峙，底層爲雉雞歡歌。整個造型圖像注重節奏與韻律，似是隨意把玩、信手拈來，闡釋了古滇國藝術的特殊審美。圍繞神聖的貯貝器形成一個熱鬧的整體，自然界動植物雜居的空間，被人爲的雕塑創作思維所再現，三維與二維空間的有機布置，跨越了寂靜的雕塑世界，營造了生命的律動。其實，古滇國人的確是在野生動物徜徉的世界裏生存的，古滇國雕塑家捕捉這些現實，通過雕刻的三維空間的設計，導引視覺產生的幻象與心靈溝通，構成意想不到的宏觀效應。

　　古滇國青銅雕刻善於利用視覺心理塑造審美意境，注重創作者與欣賞者的不同角度所帶動的藝術感染力，所以，青銅雕塑調動了諸多的藝術元素，來營造青銅雕刻的視覺影響力。

第四節　鏤空剪影的通透運用

　　古滇國青銅雕刻對雕塑語言的選用是比較成熟的。許多青銅雕刻對對象作了精準的概括處理，其藝術手法自然淳樸，不拖沓瑣碎，點到爲止，實體與空白分割清晰，相得益彰，其概括巧妙地把握了外輪廓的整體幾何形狀，鏤空的留白處正是虛實對應的透氣點，這種鏤空的空間與青銅實體的體量恰當對比，剛好顯現出古滇國青銅雕刻靈動傳神的妙處。

　　首先，剪影的形成需要有高超的造型能力，簡練的概括是藝術素養深厚的體現。古滇國青銅雕刻中，不乏運用鏤空剪影的藝術手法創作的作品，對雕塑對象肯定的主觀判斷，是簡潔概括造型的前提。「牛虎銅案」（見圖 5-9）是世界青銅雕塑中的一朵奇葩，它極具奇思妙想，在構想、設計和製作取捨方面，表現出了古滇國青銅雕塑的成熟。古滇國雕塑家創造的是一個用於實用的几案，但其實它的功用卻是用於祭祀，本文前面章節中已經描述過牛和虎在古滇國文化和政治社會中的重要地位，所以，古滇國雕塑家爲何採用這兩個在古滇國族群中具有重大意義的畜獸爲題材，鑄造神器，便不難理解。這一定是用於級別很高的古滇國王室或貴族的墓葬的器具，可以推想，也許在眞實的生活中，古滇國王室貴族用的銅案比這尺寸更大。製作中，牛虎本

身的大小比例被工匠藝術家放大或縮小，以便適應几案的製作，牛被截取了牛頭到前腿的部份，前部是寫實雕塑，前腿和後腿為几案支撐，背部鏟平成桌面，牛肚子設置為空間，空間內雕塑了一頭尺寸小兩倍的滇牛橫置其中。牛尾部塑造了一隻縮小尺寸的老虎咬住牛尾。牛頭局部依然塑造出了滇牛的特徵以及牛特有的動勢，突出牛的性格，虎的塑造注重首尾一體的體積感，渾身以幾何裝飾圖案線刻，面部為魚鱗紋，其餘為波紋曲線布滿全身，虎咬住牛尾、腿蹬牛後腿往後拽的方向，正好與牛頭向前的力形成平衡。此銅案中存在的是立體的鏤空，鏤空、平面、直線、體塊被合理構成一個整體，使得這銅案氣勢雄渾而意境通透。牛虎搏鬥之景在古滇

圖 5-9　牛虎銅案

（戰國，高 43 公分，長 76 公分，
作者拍攝於雲南省博物館）

圖 5-10　三水鳥銅扣飾

（西漢，高 11.5 公分，寬 15.5 公分，
作者拍攝於雲南省博物館）

國的自然環境中也可以經常見到，此動物的天然之性正好與祭祀几案的創作思維吻合，可歎其作者構思的巧奪天工。

其次，在平面鏤空造成的空間延伸，也是古滇國青銅雕刻的熟用技法之一。此方式在古滇國青銅扣飾中的運用具有典型性，「三水鳥銅扣飾」（見圖5-10）、「騎士銅扣飾」、「一人獵鹿銅扣飾」、「鎏金劍鞘」等青銅雕刻都採用了鏤空剪影所帶來的特殊效果。「三水鳥銅扣飾」中，以一隻浮雕的展翅欲飛的水鳥為中心，左右兩方對稱兩隻挺胸抬頭的背向而立的浮雕水鳥，兩尾羽

之間有雙魚入水而遊，三水鳥腳下踩踏著兩條盤繞有序的高浮雕塑造的蛇。這青銅扣飾代表了古滇國青銅器型的特殊藝術風格，動物身體上用線刻滿幾何圖形，外輪廓的塑造精美講究，面與面的構成的對比分割出諸多剪影式的形體起伏，線條相互的纏繞留出了多個透氣孔，既有青銅雕塑的穩重，又再現了作品的主題，鳥和蛇在歡快輕鬆的意境中，突出飛翔上升的動感。鏤空的技法的使用突出了此扣飾的輕盈奇巧，此扣飾把握了主體心靈與客觀世界的遇合，即人與自然融合的藝術，古滇國的雕塑家將自己的心象疊加在自然物象上，利用青銅材料的可塑性，幻化出如此空靈的雕刻作品，令人歎爲觀止。

「鎏金劍鞘」（見圖 5-11）是整個用鏤空的青銅工藝鑄造的，整體造型元素來自獸面紋，雕刻了不同的抽象符號，通長 28.5 公分，寬部底 14 公分，由寬到窄縮小爲橢圓形，窄處 3 公分，厚 0.3 公分；這也是一個以蛇爲主要元素的兵器配件，中間的蛇頭部在劍鞘頂尖部位，蛇身被概括成半圓形，對稱地分佈在劍鞘框的兩邊內側，外側是對稱的蛇形符號，蛇被概括爲 s 形，由大到小焊接在兩邊，每邊應爲五隻蛇，現存劍鞘殘缺，一邊四隻，一邊兩隻；劍鞘底部有左右上下對稱卷雲紋，（筆者認爲是鳳鳥尾紋）中央七孔筆者認爲是太陽紋的符號，同心圓中間凸起，無刻紋，外圈是切線圓圈紋，劍鞘邊框均勻布滿線刻如意紋或勾連雷紋。工藝複雜，鑄造精美，設計奇巧，造型和圖案裝飾奇異浪漫，高貴但不張揚，注重寶塔形外形的整體氣勢，又以鏤空的手法減輕劍鞘重量，符合實用的標準，在藝術風格上具有濃厚的地域特色，是古滇國本土文明典型代表器物。「天有時」、「材美而工巧」，此劍鞘爲

圖 5-11　鎏金劍鞘

（戰國，長 28 公分，寬 12 公分，
《中國青銅器全集》，
文物出版社，1996 年版）

古滇國早期（相當於戰國）器物，它是實用與理想的合體，古滇國的工匠藝術家順應時勢塑造了這華麗的作品，不能排除天時、地利、人和的先天條件對雕刻之道的動因。此作品材美工巧、可謂出神入化，只有適應地氣，巧用材料，適宜古滇國審美，方可達成高妙意境。這類造型的鎏金劍鞘在古滇國墓葬出土多個，此件尤為典型精美。而曲靖八塔臺有三十多座春秋以前的古滇國葬墓，曲靖自古以來是古滇國通往中原的要衝，此鎏金青銅精品，既展示了冶銅技藝的早熟與高超，又透露了古滇國早期文明的內涵，本土的雕塑創作思想得到極其充分的釋放。

第五節　疏密法則的精彩演繹

古滇國青銅雕刻妙趣橫生，因材造型，強調以藝術元素的對比造勢，其中不乏對「疏密法則」的精彩演繹。對比與協調、動勢與均衡、點線面體的佈局得當，都雜糅在疏密相間的視覺規律裏面，使得古滇國青銅雕刻在整合、刻塑、加減的過程中，直奔藝術語言純化的境界，又不偏離宗教祭祀的主題。

「百物而為之備，使民知神奸」、「鑄鼎象物」敘述了古代雕刻藝術的功能意義。古滇國的青銅雕刻也不例外，它們遍佈在兵器、農具、尊、樂器和扣飾上，進一步較為物質化、系統化地承擔著高級別的社會功能。其中具有代表性的是在兵器上的青銅圓雕和浮雕（浮雕可能是模印的）。滇池南岸晉寧石寨山出土的「牧牛啄」（見圖 5-12），其頂部圓筒鎏背上鑄造三人牧牛圓雕，人物頭頂椎髻，帶著大圓圈耳環，披披毯，頗似昆明族打扮，有牽牛者，有背負重物者。此組圓雕尺寸不大，人物高度不過五公分，但卻顯現了對整體

圖 5-12　牧牛啄

（西漢，高 20.4 公分，長 15.1 公分，
作者拍攝於雲南省博物館）

「勢」的精神表現，物小氣場大，具備強有力的體量之美，象徵思維與寫意手法巧妙地融合在一起，強調疏密佈局帶來的內在張力。雕塑有適度的誇張，對物象的細微變化不作刻意處理，渾然一體，再現了古滇國文化的深刻精神魅力，講述了個體與整體的統一和連貫性。在兵器上放置這樣悠閒游牧的圓雕組合，讓人不可理解其藝術塑造與宗教追求的用意，只有鋅體上的線性圖案暗示了祭祀的功用，單看圓雕組合的內容，在現代雲南鄉村十分常見，像集市、像放牧、也像午後收工。難道古滇國平常的風景都是這般和諧寧靜？這組青銅圓雕的雕塑手法，極像 19 世紀末期歐洲某位雕塑大師的風格，羅丹或馬約爾。它強調整體的青銅材料的體量感，圓乎乎的頭部和身體渾然天成，牛的壯實表現在整個牛的身體和頭部，都被塑造為整體塊面，牛的前後腿形成倒梯形的站立，形成的三角似乎插到地底下，悍然難移。這組圓雕洗練的雕塑手法完全把握住了青銅材料的本質，一字排列的組合方式，前後距離剛好恰當，沒有頭重腳輕的缺陷，在疏密空間取捨的智慧方面，又是中國式的哲學思維方式，視覺上恒定和諧。牛和後面兩人本來顯得鋅的一端天秤過重，但是由於人和牛視線都是往另一端並且身子明顯朝前傾斜，剛好造就了平衡。古滇國的雕塑藝術家的創造力和技法把握的熟練，在此組雕塑中可見一斑。

　　另外，真實生活的記錄和寫實技法的雕鑿非常協調，又與鋅柱表面抽象的符號呈現在一個器物上，方知此器物鑄造的用心良苦，象徵戰爭的兵器如何與畜牧共存一隅呢？難道是畜牧與戰爭的內在聯繫關乎古滇國的經濟生活命脈？答案是肯定的。「人類的武器，當以木石水火為最原始。石器時代，弓矢、投石器和舟楫被發明，但沒有戰馬、戰車和金屬製造的兵器。青銅時代，有了快馬輕車和利刃，殺人才變成一門藝術。馴化馬和青銅兵器，這兩項發明最重要。中國戰爭與馬有關，古代的軍事長官，商代叫『馬』，兩周時叫『司馬』，出兵前的祭祀叫『師祭』。照例要祭祀兵器和兵器的發明者蚩尤，……蚩尤號稱『兵主』，是以兵器的發明者而著稱。」〔註5〕

　　「四獸銅啄」（見圖 5-13）中的「四獸」，是古滇國青銅器中造型最為抽象的雕塑，這種經過幾何化歸納的野獸造型圖式，並非古滇國獨有，甚至於可以在非洲原始雕塑中可以看到些許的蹤影。藝術語言傳達的途徑並不因時光和距離而產生阻隔，不同時空的造型彷彿可以直接對話。眾多的古滇國青

〔註 5〕李零著，《花間一壺酒》，山西人民出版社，2010 年 5 月版，第 97 頁。

銅動物雕塑，都可以看出它們的自然原貌而直觀加以命名，只有這件被呼之為「四獸」者，較為抽象。中間兩獸背靠背坐著，似在思考，抽象的雕塑，有擬人化傾向，從現代設計學的角度看，此雕塑截面的疏密分配合理，視覺效果舒適。整個獸的全身布滿線刻，而支托的鉴部也刻滿以太陽紋為中心的圖案，斧頭根部有似蟬紋的幾何圖形。如此豐富的符號集聚，展現古滇國政教文化的厚重內涵，王權的威儀，以如此特殊的藝術方式恰如其分地表達出來。

　　而「鳥踐蛇鉴斧」（見圖 5-14），是一個特別具有異域氣息的青銅雕塑兵器祭祀用器，鉴背部兩個圓雕水鳥背對背，站在兩端，作展翅欲飛的態勢，鳥爪踩著兩蛇，姿態像眼鏡蛇頭頸呈 s 形，頭部高高揚起，與水鳥的頭朝著一個方向昂揚，這組雕塑是利用線的走向和組合延展空間，而又可以收住空間的內力，氣息團在了鉴頂部的方寸間。現代雕塑家熊秉明先生的動物雕塑，吸取了古滇國青銅雕塑的神韻，尤其是以金屬線來把握雕塑空間的那一類作品，更具有來自兩千年前的南國高原文明精髓的營養源。現代雕塑家對古滇國雕塑形式的傳承，透露了古滇國雕刻藝術的超越性，它在藝術水準上極有穿透力，在歷史的長河中有一席之地。

　　古滇國青銅雕刻對疏密格式的運用，還在許多群雕和線刻中出現，此不

圖 5-13　四獸銅啄

（戰國，高 18.2 公分，
作者拍攝於雲南省博物館）

圖 5-14　鳥踐蛇鉴斧

（西漢，長 16 公分，
作者拍攝於雲南省博物館）

一一贅述。就以上陳述的典型雕塑作品而言，它們把雕塑形象的搭配做了疏密結合的處理，也在雕刻語言元素的疏密佈局上頗具創意，這造就了作品裏點、線、面的語境色彩、金屬材料的個性魅力，也襯托了雕塑體積和量感訴說的藝術本質。

第六章　古滇國青銅器的審美特點

　　古滇國人在戰勝自然的環節中處於生產力相對落後的狀態，對自然世界的依賴和畏懼的某種氣息保留在青銅雕刻的靈魂裏，古滇國青銅雕刻，用現代詞彙描述，可以說是再現的自然寫實，是表現的、象徵的，古滇國的雕塑家把握好了造型的極佳元素，保持了最具特色的原始寫實風格，最佳狀態地留住了自然的神性。傳統的禮制，祖先崇拜不是古滇國獨有，全世界人類初始族群都有存在，只是古滇國具有的表達形式獨創性較強，那就是青銅雕塑塑造方式的獨立性。雖然古滇國的禮儀制度沒有商周的禮制那麼森嚴，但是從古滇國大墓出土的青銅器陪葬物看，也是有等級劃分的，並且古滇國青銅藝術有自己系統成熟的審美脈絡，藝術風格的個性相當鮮明，顯然是有歷史積澱的獨立文明在後面作為強有力的支撐，所以關於雲南的青銅器研究也需要在古滇國的文明框架內仔細探究，才可以展開其造型藝術背後的文化用意，神聖的宗教精神和社會功能的象徵意義，導引了青銅器背後的審美取向的支撐點。

第一節　單純厚樸——古滇國青銅器中的器形之美

　　古滇國青銅器不僅因為展現了古滇國的社會生活畫卷而具有歷史價值，而且還因為古滇國青銅器所具有的個性審美取向而昇華了古滇國文明。古滇國青銅文化之所以獨立於世界青銅文化之林，原因之一是，它擁有的獨特的器型之美。古滇國青銅器器型注重整體形狀的塑造，外形穩重，講究比例協調，參與製作的工匠們熟諳視覺藝術的造型規律，使得古滇國青銅器器型外

表敦實，細節秀美，其中的體面與線條構成相輔相成，其形體起伏、場景安置、首尾呼應相得益彰。它們中造型奇異的貯貝器、銅鼓、樂器、扣飾、農具等都是古滇國最具特色的典型青銅器物。古滇國青銅器器型，不乏精巧的技法與奇巧的構思的結合，古滇國族群近千年的歷史，可以從他們青銅器器型形成的體系來透視其文明的線索。古滇國的青銅器器型樸實、大器、奇詭、通透，是經過深思熟慮的古滇國的精神象徵。

銅鼓和貯貝器，看似簡單的外形，其器型的變化，歷經上千年的時間歷練，才錘鍊出了簡練的器型。從側面看，它們敦厚渾樸，外輪廓線嚴謹堅硬，有的器物環繞器壁有圓雕、浮雕等立體裝飾；有的器壁有陰線刻或陽線刻裝飾。有的有三足支撐，有的底圈直接著地。有的是束腰、有的是直筒，有些貯貝器由破舊的銅鼓改造後焊接重疊而成。如此簡單的器物形式，的確爲古滇國祭祀之重器。「協於上下，以承天休」，圓形的銅鼓和貯貝器，佇立在時空中，隨著它的旋轉，由下到上的仰視，幻化出多少原始宗教的神聖意義。這是古滇國青銅器特殊的器型造型之美的文化基石。

葫蘆笙和半環形鈕鐘，（見圖 6-1、6-2）也是古滇國青銅器中的獨有的典型樂器器型。葫蘆笙分爲曲柄和直柄兩類，曲柄者外形和葫蘆一樣，吹孔在彎曲的頸部，葫蘆頂端有青銅圓雕的牛或虎，安靜地注視著葫蘆笙周邊，雕塑上刻有幾何圖形。直柄者整體如長柄湯勺，直柄頂端也有青銅圓雕的虎牛圖像，身體上同樣刻畫了幾何紋樣，葫蘆笙爲樂器，也爲祭祀之器物。半環形鈕鐘是編鐘的一種類型，古滇國出土的一般爲六隻一組，其功用和編鐘一致，只是古滇國的編鐘，鑄造成了有特別的藝術風格的器型樣式，銅鐘的斷面是橢圓形的，唇口平齊，頂部有環性鈕，銅鐘外面的裝飾有龍紋、蛇紋、方格紋、雷紋和連雲紋。

古滇國所在地域，有舊石器時代和新石器時代上下連續著的文明脈絡。不僅滇池流域，與其毗鄰的瀾滄江流域和紅河流域的文化，也有著石

圖 6-1　葫蘆笙

（戰國，高 28.2 公分，
作者拍攝於雲南省博物館）

圖 6-2 半環形鈕鐘

（西漢，高 29～40 公分，作者拍攝於雲南省博物館）

器時代的文明延續，而且自古以來便
與滇池流域文化相互交融和互補，這
使得古滇國文明的營養豐富，日益壯
大，形成古滇國文明厚實的文化積
澱，也使其具有寬厚的包容性。加之
這裡得天獨厚的自然環境和富饒的土
地，繼而誕生、演化而形成了輝煌的
古滇國青銅文明。呈貢天子廟和曲靖
八塔臺墓群中的戰國墓是古滇國早期
的墓葬，這時，黃河流域的文明還沒
有翻天覆地地侵蝕到西南地域，所以
戰國時期的陪葬青銅器多保留了古滇
國自己的民族文化特徵。代表器物「銅
桶」（如圖 6-3）和「鎏金劍鞘」（如圖

圖 6-3 銅桶

（西漢，高 36 公分，蓋徑 26 公分，
作者拍攝於雲南省博物館）

6-4），在形制和造型上都具有古滇國文化古樸的意趣。除此以外，用於祭祀的
農具、不規則扣飾、裝飾有圓雕動物的青銅鋬戈，都是史學界公認的古滇國
典型青銅器物。

古滇國出土的青銅農具種類較多，古滇國大墓陪葬品中有大量精美的農具，銅鋤、銅鏟、銅斧、銅鐮等類型，銅鏟和銅鋤的器型令人刮目相看，它們不僅造型不同於華夏的其它地域，而且農具正反兩面雋刻的精美的圖像撩人眼目，這裡選取「鋤」為典型器型討論其審美特徵。古滇國青銅鋤有尖葉形、闊葉形、曲刃形、梯形、荷葉形等，還有鏤空的撮箕形。毫無疑問，雕塑和鑄造都十分精緻，鋤面有各種線刻圖像。

尖葉形的銅鋤（見圖 6-5）雕刻了一對孔雀，左右背向而立，藝術水準比較高，此銅鋤高約二十八公分，寬約二十公分，用線瀟灑自如，孔雀正邁開爪子、張嘴朝前，一副正要起飛的神態；孔雀的尾翅被簡括為三縷，

圖 6-4　鎏金劍鞘

（西漢，長 49 公分，
作者拍攝於雲南省博物館）

圖 6-5　尖葉形的銅鋤

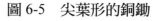

（作者拍攝於雲南紅河州博物館）

鋤頭的銎中部線刻了弦紋和雲紋。如此精美的雕刻提升了農具的審美價值，讓樸素的銅鋤變得靜穆而有神性。闊葉形銅鋤（見圖6-6）別具一格，在中央銎部兩邊雕刻了牛頭和孔雀，相向對視，孔雀抬起左腿，展翅欲飛，此孔雀身子上的線刻圖案與尖葉鋤身上的稍有不同。牛頭用疏密相間的曲線造型，好像印度野牛的樣子，也像西班牙藝術家畢加索的線描牛頭。銎部刻有水波紋、雲紋和絃紋。闊葉銅鋤和尖葉銅鋤，體面上均雕刻了與農業生產相關的動物圖騰圖像，兩者異曲同工。而梯形銅鋤（見圖6-7）最講究器型的整體氣勢，高寬均約二十公分的農具，上寬下窄，兩肩往下有階梯狀外邊線，兩側裝飾點、圓圈線刻圖形，銎部刻畫回紋。如此精緻的農具以及刻畫在其全身的動物和幾何圖案，暗示了農業在古滇國社會中舉足輕重的地位。此銅鋤簡潔大氣，敦實的器型像紀念碑一樣肅穆，顯現了古滇國藝術的審美取向。

圖6-6　闊葉形銅鋤　　　　　　　　圖6-7　梯形銅鋤

（西漢，高21.7公分，寬20公分，　　　　　（西漢，長20.6公分，寬21.8公分，
　作者拍攝於雲南省博物館）　　　　　　　作者拍攝於雲南江川李家山青銅器博物館）

　　古滇國青銅器物所運用的造型語言，也展示了本土文化的單純樸素的特性。古滇國青銅器外部造型古樸、穩重、豐富，僅從器型的精密塑造的程度，就已經可見古滇國藝術的審美典範。例如，用青銅材料塑造的古滇國建築，類型多樣，結構清晰，風格明確，簡潔地塑造了古滇國建築的大致形制，可以清楚地分辨出青銅器裏的建築為杆欄式和井干式兩種；這對應了考古發

現的證據，在滇池東岸和西岸的新石器時代考古遺址中，曾經發掘出了杆欄式建築的木樁，顯示了本土建築形制的上下傳承，也用現成的實物展現了古滇國建築的形式之美。又如，樂器葫蘆笙，也是古滇國文化的典型文化符號，它不僅是樂器，還用於祭祀、儀仗、陪葬，其意義遠遠大於普通娛樂；而且，葫蘆笙頂部也站立了圓雕的滇牛，（立牛曲管銅葫蘆笙，戰國）其像一個縮小了尺寸的紀念碑，滇牛好似站立在高不可及的山巔，牛四足與牛尾幾個點接觸葫蘆笙管，支撐著整塊雕塑的牛身牛頭，巨大的牛角彎曲向上，昂首雄視前方，既威武又孤獨，好似王者的氣質，有深遠的意味。還有，滇中出土的大量的青銅鉞戈，附著了古滇國文化符號——那些圓雕的青銅動物，造型手法是古滇國雕塑特有的；在兩千年前的奴隸社會時代，鉞戈是戰車作戰所用兵器，但是古滇國的地理條件並不適合戰車作戰，加之兵器上焊接了圓雕，顯然是用於祭祀、儀仗、陪葬而非用於作戰。此外，執傘俑也是古滇國青銅文化獨有的人物雕塑形式，雕塑了古滇國上層階級的隨從或僕人的真實狀貌，用今天的視覺角度審視，此俑非常寫實，圓雕注重人體幾大體積的概括，並且有機組合，體和面的整體塑造非常協調，然後，適當以線刻在雕塑體面上刻畫細節，髮絲、衣紋、首飾、圖案等，都以線刻形式隨著雕塑體面循著其起伏順勢而為，雖然執傘俑都是跪坐的姿態，但是沒有重複的雕塑體面構成，每個執傘俑都具有獨立的形體造型特徵。這種青銅雕塑的寫實方式，筆者在柬埔寨國家博物館見到一石雕頭像如此風格，現代東南亞的銅雕中也還有其影子，（在雲南近現代的雕塑藝術家廖新學和袁曉岑先生的作品裏可以見到）。我們可以得出這一結論：在與外界交往之前，古滇國金屬冶煉技術就已經有成熟的系統，相應的雕塑造型，也伴隨著成熟的本土的審美取向，這一審美取向是以宗教文化和王權政治為中心而隨之產生的。

古滇國人在記錄其重要的社會活動時，幾乎都用圓雕塑造。貯貝器蓋上、武器頂部，都是放置的圓雕形式的青銅雕塑，這些用於祭祀、儀仗和陪葬的重器頻頻用圓雕鑄造，表明形式與內容的協調一體，即：重要的內容用重要的塑造方式來呈現。古滇國的雕塑家幾乎竭盡全力地再現古滇國生活原來的面貌，連古樸的原始宗教氣息也不例外。毫無疑問，今天人們通過出土的古滇國青銅雕塑，彷彿看到了兩千年前的奴隸社會的重現。雕塑是造型藝術中的立體語言，它的三維空間的造型優勢，活生生地再現了古滇國的現實。這是古滇國人希望達到的目的，也幫助了今人對古滇國整體文明的理解。古滇

國人的青銅雕塑，充斥著湖泊文明的宗教韻味，把古滇國人對自然和神靈的膜拜之氣包涵在了圓雕的骨髓裏頭。古滇國的圓雕，渾厚、樸拙，沉雄大度，沒有漢風的縱橫天下，卻有古滇國所處的高原的內在霸氣，它穩重得像石頭的建築柱礎，僅樸實的內在力量，就足以震撼人心。古滇國人準確地把握了圓雕的語言特點，儘量把圓雕塑造得整體、渾厚，服從整個雕塑的張力走向。這些力量最終都回歸到了古滇國豐富的青銅祭祀器物身上，如果雕塑們沒有被放置在特殊的器物之上，那將是另一番的藝術景象。器型所承載的特殊審美，昇華了青銅雕刻的藝術魅力，古滇國青銅器物的器型，單純而不簡單，它是古滇國統治階層精神意識的象形表達，是古滇國獨立審美內涵的代表。

第二節　濃烈衝突——古滇國青銅器中的險峻之美

藝術創作的思路似乎古今一律。一個畫面，其中的起承轉結是視覺藝術的關鍵，還有再現寫實藝術中的矛盾的製造和處理，導引視覺中心點的轉移。也有多重衝突在畫面上的出現，會提高視覺的動感和衝擊力，這在三維藝術的雕塑創作中常有運用，古滇國青銅器及青銅雕塑中顯現了表現對象之間的多樣衝突，在造境傾向方面取險峻勢態者場面頗多。多元豐富的文明營養造就了古滇國青銅文明的相對成熟。這種成熟表現為技法的嫻熟，雕塑語言運用得當、器物器型的文明內涵、雕塑樣式的個性化風格等。古滇國青銅雕刻中展現了多樣衝突，包括戰爭的衝突、生與死的衝突、宗教與現實的衝突、人與自然的衝突等。多元文化只有衝突之後才有碰撞和融合，古滇國社會的動盪以及不同文明的衝突，是古滇國青銅藝術塑造衝突的現實背景，藝術塑造的衝突，是提供給視覺審美以力量和氣勢的來源，從中可見，古滇國多樣文明基因的內蘊產生了其雕塑在形式語言上意想不到的文化張力。

2.1 戰爭的衝突

奴隸社會時代，戰爭頻發，意識形態的核心以戰爭為常話，戰爭的勝利帶來國家的地位、財富、榮耀。表現戰爭內容的藝術在奴隸社會時代是主流。在古滇國青銅雕塑中，存在許多表現戰爭的青銅雕塑藝術，因為戰爭的慘厲以及帶來的社會動盪，使得古滇國青銅雕塑精神裏滲透了大動作的因子。那種雕塑藝術特有的遒勁健美和強烈的運動感是非常突出的，通過營造一場戲劇性的衝突來展現戰爭的殘酷，塑造一些蕭殺的細節，隱現了古滇國雕刻的

險峻之美，這是奴隸社會時代藝術所崇尚的暴力美學。那懸掛著裸體戰俘的矛、那提著敵人首級的騎士、那揮刀砍殺的暴力戰爭現場，都是古滇國青銅雕塑頌揚征戰勝利的作品。它同時也在為騎士唱讚歌，不惜把自己的勝利喜悅覆蓋在手下敗將的苦難上。有量、有體、有形、有線的古滇國青銅雕刻，訴說著宗教與情感的浩氣；它利用聚與散、屈與伸、點與線、隱與現的感染力，突顯了雕刻元素的背後的精神性。「戰國時代的雕塑藝術，除表現為精巧華麗以外，還有表現為遒勁健美的題材。」〔註1〕

「凡是從事先秦、漢、晉美術史研究或美術考古等，都必然特別注意到這一時期的藝術，尤其是工藝裝飾中的動物形象，多表現為奮激飛動的問題。偉大的詩人屈原在其《楚辭‧天問》中說到楚國廟堂壁畫『圖畫天地、山川神靈、琦瑋譎詭及古聖賢怪物行事。』從這一描述，人們不難想像壁畫所繪出的各種物象譎詭怪異和變幻紛擾的動態。……這種強烈運動感的產生，當然是與社會意識密切聯繫的。」〔註2〕

商周到戰國的青銅器風格走向是有脈絡的，在古代中國的版圖上幾乎都有相像的藝術取向，遙遠的古滇國難免不受影響。古滇國青銅器藝術敦厚溫和，在寂靜的大地上傳遞著原始的宗教精神，那有意無意間導引的空靈之氣，隱含在古滇國雕刻所傳達的言語中。

戰爭的廝殺場面被戲劇化地雕塑以後，放置在特殊的祭祀器物──貯貝器蓋上，這是獨一無二的古滇國形式，雕塑與祭祀器物和諧地融為一體，表達了古滇國人對戰爭的崇拜，尤其是勝利的戰爭。這樣的組合在古滇國青銅藝術裏有多件。

「戰爭場面貯貝器」也是由兩個廢舊的銅鼓重疊焊接而成，器蓋上塑造了騎士率領步兵與敵人短兵相接的場面，有舉弩機欲射擊的兵士、有手持盾牌以劍搏鬥的步兵、有持矛刺殺的戰士，具有各類兵種；有的戴頭盔、有的禿頭、有的辮髮，形象地塑造了不同部族軍士；有的行走、有的臥地、有的單腿跪地，塑造了姿態各異的生動的打鬥瞬間；還有一具無頭人體，好似頭顱已被勝利的古滇國人取走為獵頭祭祀所用。此組圓雕總共二十二人，主題圍繞戰爭，渲染其慘烈的現場，注重塑造人物搏鬥的動態，以突出兵士戰鬥的衝突。如果徘徊在博物館的玻璃櫥窗外，幽暗的燈光下，最先耀入眼簾的

〔註1〕王子雲著，《中國雕塑藝術史》，人民美術出版社，1988年版，第20頁。
〔註2〕王子雲著，《中國雕塑藝術史》，人民美術出版社，1988年版，第31~32頁。

就是戰敗方的兵士的青銅雕塑軀體趴在地上，一個嚴重喪失了鬥志的士兵的裸體了無氣息地趴在嘶吼的戰馬旁邊，對比非常強烈，「藝術是時代社會意識和生活現實的具體反映」〔註3〕。這種對慘烈戰爭場面的真切塑造和對暴力的美化，是古滇國上層階級意識的反映。製作青銅圓雕的當然是戰爭的勝利方，雕塑的造型細節緊緊地抓住頌揚征服的主題，表達了古滇國統治者的政治野心；二十二個戰士的搏鬥場面裏，彷彿殺聲四起，古滇國雕塑藝術家力圖表現戰爭的殘忍，也要表現古滇國武士武力的強盛。所以，這組群雕，在刻畫和組合上是敘事的，當它們在貯貝器蓋上合爲一體被當做膜拜對象的時候，其整體的紀念碑性質異常強烈。另一個戰爭場面的群雕，在雕塑技法上更爲寫實，組合更加規整，以炫耀武力征服的成果，從而減少了戰爭場面真實細節的再現，其重點也不在敘事性的講述，其雕塑塑造手法和戰士的動態設計略微程序化，故意顯示英雄氣概；它大力誇張了古滇國軍隊的戰無不勝、所向披靡，以符號式的手法來刻畫一支勝利之師，標榜出一個紀念碑式的整體。這種塑造和空間構造頗具戲劇性，爲衝突的現場增加了緊張氛圍。

　　無獨有偶，「戰爭場面鎏金貯貝器蓋」蓋面上也雕塑了戰爭的現場打鬥，此器器身已經殘缺散落，只留下器蓋及蓋上精彩的圓雕組合，中央英武的騎士爲銅鎏金，戴頭盔、披貫甲、佩戴短劍、持矛刺向敵方，其戰馬頸部彎頭下已經掛一人頭，應爲戰勝敵人的標誌。騎士地位顯赫，身先士卒，率領周圍士卒，收拾殘局；其中的一個步兵也是手提敵人首級，其餘十來人還在激烈搏鬥。這兩組貯貝器及其蓋上的群雕都出土於古滇國的中心──晉寧石寨山。古滇國人的居住谷地也雜居有不同族群，不同的文化融合早已形成，藝術風格的融合即是文化融合的一部份。叟人是來自西北氐羌系的草原民族的移民，早在西周以前就遷徙到了滇西北，沿怒江南下東移長期居住在這裡，古滇國青銅雕刻裏北方草原文化藝術的因子或許由它們攜帶而來。騎士文化的基礎是明晰可見的，英雄的誕生顯然是來自於騎士在征戰中的核心性，對戰爭的勝利至關重要。

　　對戰爭的推崇表現在祭祀器物的雕塑傾向上，古滇國青銅雕刻裏騎士文化的線索比較明確，對騎士英武的塑造、對騎士戰功的歌頌、對騎士地位的宣揚，都在精心塑造的各種青銅騎士造像中折射出來。「國之大事，在祀與戎」，古滇國青銅器和青銅雕塑有爲數眾多的兵器、武士形象，且與祭祀文化

〔註 3〕 王子雲著，《中國雕塑藝術史》，人民美術出版社，1988 年版，第 32 頁。

緊緊連接，從青銅雕塑武士的裝備可以看到從戰國到西漢中期，他們的騎兵裝備分三個階段，而且一個階段比一個階段裝備精良，其中西漢中期的石寨山騎士馬鐙，是迄今發現的世界上最早的馬鐙〔註4〕。

　　古滇國王族毫無掩飾地如實雕塑暴力的戰場衝突，表明戰爭在奴隸社會中的關鍵意義。戰爭如此頻繁，戰爭不可避免，與其迴避，不如面對並所向披靡，成為戰爭的勝利者，獲取戰爭帶來的利好。這是奴隸社會特有的生存邏輯哲理。面對生存的哲學，古滇國青銅雕刻描寫血腥的現實，毫無懼色。因為古滇國人以征戰勝利為榮耀，所以在群雕的衝突中，古滇國的將士們永遠是戰神。這些衝突格局的設計和人物塑造，增強了古滇國征服外族的信心。此自信滲透到他們的雕塑藝術中，營造了冷峻的美學氣氛。

2.2　人與動物及動物之間的衝突

　　動物界的搏鬥、人與動物的衝突也是古滇國青銅雕刻塑造的重點，而且數量眾多。除了青銅扣飾的主題選擇有衝突的場面外，在青銅扣飾內部的佈局上，也營造強烈對比，以此帶來的視覺的衝突，兩個層次的衝突，都加深了小小面積的青銅扣飾空間裏的張力。古滇國青銅扣飾、武器或工具上都有人與動物爭鬥的場景，有的選擇了運動中的狀態，有的選擇了抽象變形的途徑。最具典型性的代表雕塑是青銅扣飾上的浮雕。

　　雖然青銅扣飾並非古滇國獨有，但是古滇國的青銅扣飾，因為獨具特色的造型語言而與眾不同。而其最具代表性的是外邊沿沒有幾何形外框控制的扣飾，被稱為不規則銅扣飾，這種青銅扣飾為雕塑創作者的思維打開了想像的空間。首先是古滇國雕塑藝術家敢於、也有能力塑造打鬥中的動物形象，對動物們的外形沒有進行幾何化的歸納，而是從寫實再現的視覺角度，捕捉野生動物天然的生猛狀態，然後加以刻畫，這是對自然神靈表示敬畏的再現。如果沒有與自然神靈的精神溝通，是難以達到對動物形體的深度理解的。古滇國雕塑家，沒有現代影像器材的幫助，僅憑肉眼的觀察和用心體會，就塑造了多種動物搏鬥的瞬間，表現了野性、生動又具有原始的神秘感的雕塑藝術。這樣壯烈的搏鬥與當時社會的劇烈動蕩緊密關聯，因為其中也包含了人與動物的搏鬥場面。

〔註 4〕張增祺著，《滇萃——雲南少數民族對華夏文明的貢獻》，雲南美術出版社，2010 年 9 月版，第 15 頁。

　　古滇國青銅扣飾的不規則類型，不在一個概括好了的幾何圖形裏來安排動物，不把所畫對象幾何化，古滇國青銅扣飾顯然是在一種自由的創作狀態下的作品，在視覺上給人以速度、運動、旋轉的印象，甚至似乎可以聽到動物相互搏鬥的嘶嚎叫聲。原始的古滇國雕塑工匠在兩千多年前就能夠選取瞬間動態，捕捉妙不可言的藝術所需要的動態，而又把他們凝固在青銅雕刻中成爲永恒，實爲大師之舉，令人歎服。例如，「二豹噬豬銅扣飾」（見圖 6-8）、「虎豹噬鹿銅扣飾」、「二狼噬鹿銅扣飾」（見圖 6-9）、「虎牛搏鬥銅扣飾」（見圖 6-10）、「三狼噬羊銅扣飾」（見圖 6-11）等。虎、豹、狼、牛、羊、豬、鹿

圖 6-8　二豹噬豬銅扣飾

（西漢，高 8 公分，寬 16 公分，
作者拍攝於雲南省博物館）

圖 6-9　二狼噬鹿銅扣飾

（西漢，高 22.7 公分，寬 16.7 公分，
作者拍攝於雲南省博物館）

圖 6-10　虎牛搏鬥銅扣飾

（西漢，高 9.7 公分，寬 15.3 公分，
作者拍攝於雲南省博物館）

圖 6-11　三狼噬羊銅扣飾

（戰國，高 8 公分，寬 14 公分，
作者拍攝於雲南省博物館）

相互搏鬥、撕咬。這類動物界的殘噬、打鬥動態，在現代可以運用高科技數碼影像器材拍攝獲取，其現場的生動、飛快的速度、血腥的氛圍，只有用高像素的影像設備才可能捕捉到。那麼，古滇國雕刻家僅僅憑藉肉眼、思維和巧手的塑造，就可以再現野生動物世界的真實瞬間，他們可謂現實的心靈捕手。

「二豹噬豬銅扣飾」，整個青銅扣飾雕塑為高浮雕，雕塑選取動物爭鬥最殘酷的瞬間，腹背受敵的豬並沒有低頭投降，而是奮起反抗，一隻豹子試圖爬上豬的背部撕咬，一隻豹子已經被野豬洶湧的衝擊力撞倒，仰翻在地，被野豬的前腳鉗住胸部要害部位，野豬面對強敵，毫無畏懼，眼瞪得圓圓，張開大口、露出尖牙、雙耳豎起，雲豹與野豬衝突的焦點在豬頭部和前腳。野豬的身體在這組浮雕中占大面積，其中豹子身體和橫在下面的一條蛇，被設計為線型效果，面與線的疏密分佈構成視覺的衝突。戲劇化的衝突與視覺設計的衝突，雙向強調了古滇國青銅雕塑的野性審美。而搏鬥的動物們可以團在一起的動態，使得青銅扣飾的氣勢更加強大。藝術家根據藝術創作的需要布置了動物的四肢、尾、頭、臀部，使得青銅扣飾內部的力點、疏密、平衡度協調，符合雕塑藝術的三維視覺規律。這樣的浮雕被固定在扣飾的框架上，把氣場團在雕塑總體內部，雕塑的體塊和線條，佈局有致，而內部的實體與留白相得益彰，為典型的中國式雕塑的塑造方式。甚至有學者認為，古滇國青銅扣飾在佈局方面，有太極陰陽互補的思維影響。它雖然沒有太極那種符號化的成熟文化標誌性的影子，但自有其生動野性力量的原始宗教來源。其似乎連接了本土的圖騰靈魂。

古滇國青銅雕刻裏有不少人與動物相互共存的題材。如：「一人三犬獵鹿」、「騎士獵鹿」、「八人獵虎」、「四人縛牛」、「二人獵豬「、「剽牛祭柱」等，表現了狩獵時代的日常情景。狩獵時代人類常常受到動物的侵襲，但是，對動物的征服也給人類帶來自信和生活的方便，所以人與動物其實是相互搏鬥，又相互依賴。人與動物複雜的情感，在古滇國青銅雕刻上表現得淋漓盡致。如：「四人縛牛銅扣飾」，人將牛試圖纏於銅柱子上，牛角上倒懸一幼童，一人被牛踩地上，一人雙手挽牛尾，一蛇咬繩子，一蛇頭上蹲一蛙，顯然這是一個表現祭祀場面的青銅扣飾。畫面上，牛的身體作為塊面，佔據了扣飾的主體，盛裝的人物都圍著牛這個大塊面，面部朝著牛頭，注視著不願束手就擒的滇牛。象徵大地的蛇神被踩在牛和人群的足下，人頭為點、牛

體爲面、蛇形爲線，點、線、面的元素在此青銅扣飾浮雕裏合理搭配。古滇國人對牛束縛的場景的浮雕，在古滇國墓葬群中出土的不止這一組，此類題材場景多見，在古滇國和今天的雲南，山區村寨裏經常有這樣的場景出現。牛是祭祀的重物，是財富的標誌、也是生產的強勞力，古滇國人與牛的親密關係，由此可見一斑。動物與人相剋相生，好像誰也離不開誰，蛇、蛙、牛都被古滇國人視爲靈性之物，在古滇國青銅雕刻中屢見不鮮。至於此場面祭祀什麼，還是一個待解的謎，但是，它表現了古滇國人對動物的崇拜的一個祭祀場景的片段。

「八人獵虎銅扣飾」（見圖 6-12），爲高浮雕，表現了八個古滇族的獵手與猛虎搏鬥的場面，六人持矛刺向老虎，一人被虎咬在地上，仍然奮力持劍刺向虎頭。一人站在旁邊，有獵犬二隻，一隻咬虎頭、一隻咬住虎背。此青銅扣飾整體呈半圓形，老虎被橫置在半圓的直線上，以右下角的虎頭爲視覺中心點，七個獵手圍繞圓周站立，那刺向虎頭的長矛，似放射狀的線連接虎頭。衝突和重心比較明確，此扣飾

圖 6-12　八人獵虎銅扣飾

（西漢，高 11.5 公分，寬 13 公分，
《滇國青銅藝術》，雲南人民出版社，2000 年版）

的青銅雕塑，依靠雄奇的佈局，神態的生動捕捉，有代表性地突出了古滇國青銅藝術構思的險峻之美。

雕塑塑造講究外輪廓線的飽滿，高點與低點的連貫，雕塑家思維裏的線通暢、明確、緊致，具體的手上把握，是雕塑張力的生命線。個體的雕塑尚且如此，那麼，群體雕塑所強調的體量、空間、力度、氣勢便增加了雕塑創作的難度。古滇國的青銅鑄造者也許並不知道「崇高」、「壯美」、「高亢」、「中和」之類的美學概念，但是他們可能運用另外一種語言來表情達意，而青銅雕刻的語言卻在視覺上架起了一座理解的橋梁，古滇國青銅雕刻中的群雕所

營造的氣勢，傳達了震撼心靈的美學力度。在一個小小的青銅扣飾裏、或者
在貯貝器幾十釐米見方的頂蓋上，那旋轉、飛動的人或動物組合好像轉動著
氣流的迴旋，然而不是輕盈的，是敦實的；還有一陣原始、野蠻的衝動。古
滇國青銅扣飾裏所表現的人與動物的衝突、動物之間的搏殺的浮雕藝術，構
成了一曲蕩氣迴腸的遠古族群的讚歌。

第三節　華麗空靈──古滇國青銅器中的裝飾之美

　　古滇國人不可能像我們今天一樣，把他們創作的青銅器作為審美欣賞的
對象，但是從現代的審美觀來加以評價，古滇國人作為創造主體，的確創作
了具有形式美感的青銅器物和青銅雕刻：其器物的裝飾有立體的、平面的、
凹凸的，藝術形式上有寫實的、寫意的、抽象的，展現了豐富的裝飾形態，
其中充滿古滇國人思維的形象性、象徵性、情感性特徵。古滇國人滿懷激
情、耗盡心血、全力以赴地裝飾神聖的器物，以提高器物祭祀的感染力。古
滇國青銅雕刻內容繁多，它不同於今天現代雕刻藝術的內涵和功用，所以置
放方式和對空間的理解是與祭祀陪葬主題統一的。它是宗教思想的圖像表
達，圓雕、浮雕、線刻多種形式交錯運用，而且目的一致，它們被附著在青
銅器物的不同部位，它們被注入了對超自然神秘力量的敬畏之情，轉換在精
益求精地製作的青銅裝飾中，成為原始宗教的象徵符號。

3.1　具象的裝飾

　　從考古發掘的古滇國青銅器中，我們可以從青銅圓雕、浮雕、線刻中看
到諸多關於古滇國現實的具象描寫，有對事件的再現記錄、有對服飾習俗的
細微刻畫。古滇國雕塑家以熟練的手法塑造了當時的社會全貌。這些具象的
圓雕、浮雕和線刻塑造的內容，被有序地安放在不同的祭祀器物上，都是為
了一個神聖的儀式而做的裝飾。今天的研究者可以從這些非同尋常的裝飾雕
刻中，研究古滇國人文化的細節，追尋其審美的一隅。宗教與多重文化，深
深影響著古滇國文明的發生和演進。

　　古滇國青銅器有複雜的裝飾，其中比較具有典型性、代表性的是用圓雕
的方式所造的群雕，它們被固定在貯貝器蓋面上，有的像話劇舞臺，雕塑者
在講述古滇國某地某時發生的故事，故事有序曲、細節、高潮、結尾。還有
其它雕刻附著在兵器、農具、扣飾、樂器、食器上的，它們的形式也多元化，

其圖像潛藏著現實與宗教的疊影，用現代的藝術欣賞的眼光來判斷，這裡暫時以「裝飾」一詞描述這些古滇國的象徵性器物及雕刻。生動的青銅群雕表現了戰爭、狩獵、紡織、納貢等主題，被供奉在貯貝器蓋上，成爲高級祭祀器物的立體裝飾，眞實再現古滇國的要事、大事。貯貝器蓋上的「紡織場面」青銅群雕有兩組，都是以女性奴隸主爲中心，圍繞在周邊的古滇族女性在撚線、穿梭、打緯、織布，女奴隸主身體尺寸大於周邊的紡織女工，爲青銅鎏金銅像，後有執傘俑爲她撐傘，有幾個僕人雙手捧盤，盤中盛放了雞和魚。這樣的寫實圓雕組合，再現了古滇國紡織與祭祀同時進行的現場畫面，揭示了古滇國的某種階級價值尺度。女性奴隸主的身份可能是雙重的，坐在「紡織場面」主要位置的女子，也被認爲是政教合一的統治者，正在實施巫術，以護祐紡織成果。

古滇國青銅器上的線刻裝飾遍佈器物外表，內容涉及古滇國社會的諸多層面，情節複雜，造型技巧成熟，形式變化自如。比如，江川李家山 13 號墓所出土的「蟲獸紋銅臂甲」（見圖 6-13），用鏤刻工藝彰顯了古滇國雕刻家用線造型寫景的原創力。在有限的平面上鏤刻虎、豹、鹿、猴、雞、蜈蚣、蜥蜴、魚、蜜蜂等十幾種動物，在小小面積的臂甲上雕

圖 6-13　蟲獸紋銅臂甲線描

（戰國，21.7 公分，
作者拍攝於雲南江川李家山青銅器博物館）

刻，線條如頭髮絲細，其動物各具姿態，浪漫穿梭：豹如人行，鹿在飛馳、蛇走蜿蜒，公雞雄健，沒有採用幾何化的形式概括動物造型，直接刻繪出了動物各自的性格特徵；並且在有限的平面空間巧妙地安排了動物們的位置，用線健勁，畫面有「龍飛鳳舞」的韻律感，堪稱古滇國線刻裝飾藝術的經典之作，而臂甲上還有彩繪痕跡，似用毛筆之類的工具手繪。這些在時間上相當於戰國時期的古滇國實用物品，裝飾得如此精美，說明古滇國時期接受外來文明的程度較高且很成熟。此外，鎏金、金銀錯、鑲嵌、黑漆古等工藝在

古滇國青銅器工藝中也是常用的，如江川出土的鎏金銅鼓和蛇頭銅柄劍，製作工藝水準達到當時時代的最佳狀態，古滇國文明所達到的高度於此青銅扣飾的藝術性關照，可見一斑。

陰線刻或者陽線刻在青銅器表面的圖畫，需要觀者圍繞器物周圍走動、變換上下左右不同的視覺角度來閱讀，有一銅鼓貯貝器蓋面，其腰部線刻古滇國人祭祀春耕、播種、上倉的場景，這些環節都是稻作民族農業生產的勞作重點。已故考古學家馮漢驥先生考證認為，圖像上祭祀春耕為「初耕儀」，當這些線刻被拓在平面軟性材質上，握在手中，方才直接地感受到卷軸畫面的徐徐展開。雲南藝術家姚鐘華先生把自己收藏的青銅拓片貢獻給公眾，編著了《古滇青銅器畫像拓片集》，通過平面展開的仔細賞析，能夠發現古滇國的造型、線條是如此的簡括精美。

古滇國是處於從原始社會與奴隸社會過渡的狀態的方國政治的國度，是狩獵和農耕混合併用的國家，青銅雕刻常常表現了古滇國狩獵和農耕文化的繁盛，也表現狩獵和農耕與古滇國日常社會的密切關聯。但是，狩獵、農耕與祭祀往往並重，因為古滇國人的祭祀是保祐狩獵和農耕收穫的關鍵。畜牧是古滇國半山區和山區生產的要務，今天依然。天然的牧場養育了肥碩的牧群，拓片展現的馬群、牛群、羊群、豬群，以及穿插其中的放牧人，都是古滇國牧業的真實記錄，畫面熱鬧非凡，牛羊重重疊疊，一派富庶豐饒的牧場原生景象。這類用寫實手法雕塑刻畫古滇國現實社會生活的裝飾，雕刻技藝的紀實功能被用得淋漓盡致。古滇國青銅雕刻中的多種祭祀活動，凝固在冰冷的金屬材料裏，被奇跡般保存到了今天，金屬的可塑性和活力存留了古人的記憶。

3.2 意象的裝飾

我們可以從古滇國青銅雕塑中抽取意象的形象、符號、敘事和其所裝飾的器型，來尋找古滇國雕刻藝術所投射的生命原動力。天、地、自然對於人類的影響，不僅僅是個物理的事實，也是人類心理的鏡像。古滇國人的祭祀對象包羅了宇宙自然的諸多方面，其青銅雕刻有的以意象的手法，慢慢透露了人類普遍存在的宇宙象徵主義崇拜。古滇國人的祭日、祈年、祭祀農耕都與自然崇拜相關，從青銅雕刻的圖像來研究，祭祀、舞蹈、勞動在一個場景裏，祭祀是為了吉祥和豐收，舞蹈是為了祭祀的順利、宗教意念的達成，所

謂通過載歌載舞的勞動，其
實是巫術實施的過程。宗教
的意願通過儀禮實現，而儀
禮的操作者是巫師或巫覡，
也是神界與人間的中介。古
滇國青銅雕刻中有穿戴獸
皮、頭飾羽翮的人物，也有
衣著花哨、頭戴筒狀尖頂帽
的舞蹈者（見圖 6-14，似今
天愛伲族女性服飾），有學者
認爲他們都是正在施行巫術
的巫者。

圖 6-14　八人樂舞鎏金扣飾

（西漢，高 9.5 公分，寬 13 公分，
作者拍攝於雲南省博物館）

　　古滇國青銅武器中，有
通身布滿線刻的「蛙形矛」（見圖 6-15）又叫「蟾蜍矛」，外形別致，長 17 公
分，扁闊刃，圓銎，鑄造一高浮雕蟾蜍於闊刃底部，取蛙類動物跳躍的姿
態，又控制在矛的桃心形和銎圓柱內部，蛙體通身鑄造陽紋線刻，紋飾有三
角紋、漩渦紋、圓圈紋、螺旋紋，這些本非用於審美的圖形，有其通神的性
能，其專用的宗教意義，祈禱著戰爭的凱旋。也許，審美情感與宗教態度混
合難分，或者是在宗教情感導引下的審美情懷更加神聖，不同圖像對應不同
的祭祀對象，這些紋飾潛在地包含了生命本有的審美意願，同時也是記錄宗
教體系的象徵符號。再如，「人形紋戈」，（見圖 6-16）長 25 公分，手柄爲長
方形，援微微彎曲，戈尖鋒齊平，援根部裝飾太陽紋和人形紋，人形紋在太
陽紋下部，太陽紋中心鏤空，爲圓孔，手柄中部刻飾舞蹈人形紋，五個人頭
被概括成圖案，似手拉手披髮作巫術之舞；手柄上方是長方形鑽孔，手柄下
方與舞蹈人紋緊緊挨著似是太陽紋的雙環，各自爲漩渦狀，雙環並置，好似
一有巨大羊角的羊頭。很明顯，這類兵器都是供祭祀之用，用以祈求戰爭的
勝利，也是顯示王權威嚴的聖物。

　　古滇國青銅器中人物雕刻所展示的造型、形象、頭型、髮飾、衣著、習
俗，像影像般地給予了觀者眾多的信息，可由此尋找古滇國居民的服裝和飾
物原型，從服飾裝扮看，青銅器中有昆明人、濮人、嶲人、羌人的裝扮者，
而古滇國人的裝束很特別，女性服裝爲寬大的對襟布衫外衣，中袖、衣長及

圖 6-15　蛙形矛　　　　　　圖 6-16　人形紋戈

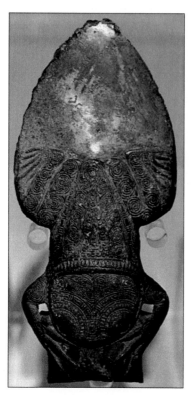

（西漢，長 17 公分，　　　　（戰國，高 25 公分，《滇國青銅藝術》，
作者拍攝於雲南省博物館）　　　雲南人民出版社，2000 年版）

膝蓋；男性服裝與女性服裝相似，衣袖稍窄短些，有腰帶，沒有穿著褲子的
習慣，男女皆跣足，應該是因爲滇池地區當時濕熱的氣候原由造成的。古滇
國人還喜歡披披氈，在青銅器里許多滇人都披披風。據張增祺先生考證，《太
平御覽》卷 791 引《永昌郡傳》說「興古郡⋯⋯皆號鳩民，鳩民咸以三尺布
角割作兩襜。」同卷 167《欽州風俗》說「又有僚子⋯⋯椎髻、鑿齒、赤褌、
短褐。」〔註 5〕即古滇國主要居民的服裝和古文獻記載的越人裝束一致，另
外，古滇國人的髮飾、頭飾、耳飾、項飾、臂手飾物等都具有越人裝飾特
色，比如，石寨山出土的金簪、金髮針，古滇國男女都帶的金、玉耳飾，
金、玉、銅的項飾，玉和銅的腰飾，手鐲、臂環和指環等。這些裝飾暗含了
古滇國的統治階層對自己族群符號的重視，所以在青銅雕刻裏非常注重保留

〔註 5〕張增祺著，《中國西南民族考古》，雲南人民出版社，2012 年版，第 150 頁。

其裝飾的特殊性，這些飾物極其精緻，展示了它們在古滇國的社會地位，也顯露了古滇國青銅工藝的技術多樣性和冶銅工藝的成熟。

圖 6-17　石寨山型銅鼓

（戰國，高 31.2 公分，面半徑 40.7 公分，作者拍攝於雲南省博物館）

　　古滇國最具成熟器型的銅鼓由鼓面、胴部、腰部、圈足和鼓耳組成，有的懸於木架，有的置於平面，可用木槌擊打、可用手掌拍打。在今天雲南、貴州和兩廣的少數民族中，銅鼓依然在使用。雲南省博物館藏「石寨山型銅鼓」，（見圖 6-17）高 31.2 公分，面半徑 40.7 公分。鼓面中央有太陽紋，外圍繞五暈太陽光芒，有圓圈紋、和絃紋、齒紋、三角紋，胴部、腰部有羽人划船圖畫，有的羽人手持長矛，船外水中有游動魚形，爲陽刻線。無獨有偶，在雲南與廣西交界處的廣南縣也出土了同一時期的「石寨山型」銅鼓，鼓面和腰部、胴體刻繪內容和造型大致相似，其器壁陰刻和陽刻的圖像皆有。

　　歷史學家易學鐘先生認爲，銅鼓是以太陽紋爲中心母題的至尊祭器、禮器和法器。……寓意以日神和社神的綜合神性的「社鼓」和「禮日」之鼓。所以在銅鼓和貯貝器的器壁、器面雕刻中，勞作與祭祀一起出現，勞作的收穫取決於祭祀的虔誠程度。祈年、播種、上倉等勞作的過程，刻畫在祭祀銅器上，既是對神的賜予的感激，又是古滇國農牧經濟的記憶儲存，是古滇國治國要義的刻畫。青銅器上的這類雕刻似乎是被封爲典籍的教條，教導後人勞作的某個時候一定伴有祭祀，否則後果不堪設想。青銅器的線刻拓片使得觀者的視覺角度發生了驚喜的轉變，可以理性地琢磨祭祀隊伍的細節，更加膜拜古滇國人的造型藝術能力，平行拉開的敘事性展示一覽無餘，那圍繞貯貝器器蓋的樂舞祭祀以太陽紋爲中心，由裏往外排列兩圈人物樂舞。貯貝器是銅鼓的衍生物，有的貯貝器本來也是用銅鼓焊接而成，也是祭日的神聖器物，樂池裏的擊鼓者是女巫，舞蹈隨著巫師的節奏和歌唱緩緩而行，隨樂舞祭祀的瓊漿玉液，盛載於巨大的青銅酒尊裏，然後分酓在舞者手捧的酒器中。

這類飲酒器的造型和圖案都與今天西南彝族的漆器酒具十分接近，其舞蹈則像傣族的宮廷舞。觀者可以清晰地看到祭祀舞蹈的姿態，手中拿的器物擊打著樂器，祭祀隊列裏人物的等級依稀可見。易學鐘先生認為，一周舞人之間鑄刻有向日葵，不僅與「禮日」相通，更有用葵索酒也即慮酒注入花觚的祭祀禮儀。因為，上古時代的酒是與酒糟一起混在酒器之中……以葵盞絮網慮酒，那當是多麼古老而絕妙的風俗〔註6〕。這些雕刻，既記錄了古滇國宗教祭祀樂舞的盛況，也保留了古滇國藝術內涵的浪漫情趣。

3.3 抽象的裝飾

抽象是一個極度歷練的過程，是人類思維進步的表象之一，是人類思維的高級階段。抽象的圖像是對非本質因素的捨棄，對本質因素的提取，抽象擺脫了感官的干擾，抽象到極致便是文字和數字（還有條碼），一個可以傳神達意的符號，而圖案的抽象，離文字的抽象還相差許多，圖案的符號性，往往具有龐大的象徵意義。圖案符號具有形象性的特點，容易記憶，包含人類的信息量，這些抽象的符號與思想形式的「語言」是密不可分的，其語言內涵可謂整體、朦朧、感性、泛泛，具備強有力的形式感，又具備視覺語言的審美特徵。是否「意象是詩存在的國度，抽象是邏輯的紀念碑？」古滇國青銅器上的抽象圖案和符號，有些許的意象空間的駐足，沒有抽象到「道」一般複雜高深，但也因為符號的不確定性，而神秘高遠。

古滇國青銅器和青銅雕塑上，除了有具象和意象的裝飾外，還有抽象裝飾。這些抽象裝飾已經圖案化或者說符號化了，它們分佈在銅鼓體面、兵器外部、農具外表、動物雕塑身體上，有的直接是幾何形平麵線型組合，有的是「會意」的符號，幾何形圖案有：三角紋、圓圈紋、圓點紋、波浪紋、弦紋、螺旋紋、鋸齒紋、漩渦紋、菱形紋、太陽紋等，均以線刻和浮雕形式呈現。

這些線刻圖案早就已經引起雲南青銅器研究專家的關注，但是研究沒有一個明確的答案。只知道，這些幾何圖案被刻畫在青銅器物和雕塑上，是為隆重的祭祀儀式而準備的。它們是具有宗教意義的圖形，訴說著原始神秘的意願，有強烈的心理指向。這些圖案在今天雲南居住的各個少數民族的刺繡

〔註6〕姚鐘華編著，《古滇青銅器畫像拓片集》，雲南美術出版社，2008年12月版，第67頁。

上出現，它們被傳承下來，被日常生活的用具所攜帶，轉換成了各個民族的代表性符號，它們的意味，隨著歷史的變遷，而失去了在古滇國時期高高在上的神秘感，也失去了祭祀文化所具有的內在能量。

在古滇國的青銅器物上，這些幾何形裝飾代表某種語言，在遠古的時空中，有奇異的靈感，可以與神靈對話，或是幫助巫師與神靈溝通。

例如，銅鼓、銅鑼為祭器，亦為法器。有的女巫坐在銅鼓上，頭頂一小鼓，操作祭祀儀式，有時，祭祀伴有翔鷺舞、葫蘆笙舞，以樂舞的形式伴隨巫術的實施，以歌舞取悅於神靈，巫師和舞蹈者，有時會手持兵器，驅邪逐疫。所以，銅鼓、銅鑼、銅矛、銅戈上雕刻有抽象的幾何圖案，是有的放矢的。再比如，古滇國墓葬出土了造型別具一格的農具，銅鋤是最具代表性的，它們是古滇國巫師祭祀農神的神聖之器物，也是祈求糧食豐收的法器，其體面的幾何圖案，負載了祈願族群興旺、富庶的神秘含義。

回想，西方現代藝術史中的「冷抽象」和「熱抽象」，彙聚了多少明確的文字來闡釋它們各自的文化意義、哲學來源、文明根基，其中的符號、形式、點線面、色彩的構成有西歐多個國家的文字在介紹、分析，並建立了成熟的藝術學形象。

原始的岩畫和彩陶上有諸多的圖案和符號，這類符號化的圖像在二維平面上被賦予了靈魂與信仰的特殊意義，天地世界充滿了影響生物世界活體的、不可見的力量，符號——作為高度概括的圖像，表達精神與靈魂的凝練，並不斷地被昇華、加持、強調。反向思考一下，從此意義而言，符號具有的藝術形式，引導了藝術起源的思想來源，藝術的形式，從一開始就並非空穴來風，抽象藝術的符號是特殊的語彙，也是人類精神家園的表象之一。圖案和符號，純淨地詩意般地安撫人類回到本我，回到人內心無限的精神空間。

古滇國的青銅器物上，多數都布滿了抽象的圖案和符號。貯貝器、銅鼓、銅鐘、兵器、農具、扣飾等，僅古滇國早期大墓而言，呈貢天子廟出土的兵器和銅桶，就彙聚了幾乎所有古代文明常見的幾何形圖案和符號，只不過，每一文明的起源對幾何圖形的內涵有不同的解釋。抽象圖案和符號裏，本身就充滿了原始宗教或哲學的文明元素。符號和符號化是人類智慧昇華的一個長久而艱難的歷程，裏面具有宗教情感和族群精神包含的價值，既是古滇國上層階級的心理世界，也是古滇國藝術家的「藝術」精神表徵。這類符號的

表達，是人與自然環境發生衝突後，族群內部無法面對宏大現象的變換，在心理上對空間和時間難以把握，而產生恐懼，感到難以安身立命，族群便祈願心靈的安寧，在圖案和符號中找到與神對話的圖式，尋找慰藉。

現代符號學認為，符號在現象學、認知科學等領域中漸漸融合，在文化批評中扮演了重要的方法論角色，符號可以「暗示」藝術本質的傾向，抽象藝術並非「鬼畫桃符」或「信手塗鴉」，其應該是對藝術本質探索的理性方式，是執著於藝術自律的獨立解說。現代藝術中的抽象藝術創作者，的確有對待藝術精神如同對待宗教一般的追求。這一點，古滇國青銅雕塑藝術的創造者也是毫無例外，他們在完成具有宗教感的精神創作之旅。

古滇國青銅雕刻的抽象圖案和符號，具有特殊的地域文化之美，被古滇國雕塑藝術家以不同的方式展現在不同的古滇國祭祀器物上，顯現的是雕塑藝術家的平和隨意、熟練，他們以一種仰視的眼光對待祭祀的觀念，灌注在雕塑家的指尖，塑造出生命和魂靈的華麗歸宿。

第四節　收納乾坤──古滇國青銅器中的空間之美

人類的想像力促進了創造力的提升，於是人的意識開始了探索的歷程。墓祭所營造的空間是人類為未知世界而探索的形式之一，其目的是為未來世界提前做好準備，也是人類智慧進步的象徵，因為它包含了混沌時期的天文學和地理學的朦朦朧朧的學科知識，神聖的天象也是祭祀的目標之一。墓祭所營造的空間以天地人為核心，在黃河流域的商周文化中有嚴格的規制，只是在邊遠的西南小方國古滇國，可能會演繹了稍有不同的規制，至少不是那麼奢華──比如同殷商的婦好墓相比較。死後魂靈有知的堅定信仰無疑是生者對地下空間寄託厚望的強動力。於是不惜代價製作昂貴的青銅器物合著其它珍稀的寶物陪葬墓主，也是對天地虔誠的奉獻，在地下儘量營造立體的空間。此舉昭示了古滇國王族對來世企盼地位還原的強勢心態。

4.1 空間中的力量

其實無論中西，凡古代雕刻藝術作品，其創作目的都不是為純粹藝術的目的，而是為政治、宗教的目的成分居多。從發掘實物看，古滇國青銅器物基本是為陪葬而作，而且是為王室貴族墓陪葬，因此其規格之高、技術難度之大應該是古滇國首屈一指的。兵器、農具、樂器、扣飾等古滇國貴族生活

中日常見到的器物，均以昂貴的青銅鑄造後隨葬，精美堅固，集中了最高超的青銅器冶煉和鑄造技術，傾盡心力完美地布置一個令古滇國上層貴族滿意的豪華的地下空間。在古滇國墓葬中，呈貢天子廟 41 號墓是比較典型的，有的專家認為，它是戰國以前的古滇國前期的王者之墓葬。在考古學上的年代上可能更加久遠，可到商以前，此墓葬裏陪葬的青銅器物具有特別明顯的本土文明特色，有異常獨特的視覺語言。其代表性器物有：具有百越文化特質的五牛蓋銅桶，具有原始文化風格的巫師紋銅鼎；此墓葬棺槨制的運用，伴有人殉現象存在。出土青銅隨葬品三百多件，貝幣一千五百多件，綠松石數以萬記，還有漆器、玉石、瑪瑙等。全部份佈在槨蓋板和槨底板上。此墓葬規格的確比較高，完整的陪葬品布置所形成的空間，似乎對墓主人生前和來世的貴族地位有意保留，「事死如事生」是人類對自身情感和靈魂的尊重，對死亡的深切的心理反應，促使人類希冀天與地給予他們神力的召喚。

　　古滇國青銅雕刻的塑造手法多樣，圓雕、浮雕、線刻，神采飛揚；寫實、寫意、抽象競顯華章。有些尺寸較小的銅雕，一百多人塑造擺放在有限的貯貝器蓋面上，作者彷彿意在重視情節的講述，而不太關心人物的面部、手部等表情器官的深度刻畫，這倒反而使得這一路數的古滇國青銅雕刻，形成了具有表現性傾向風格的藝術。寫意的泥痕使得雕塑表面充滿生氣，當然古滇國的青銅藝術創作者並不會特意追求一種風格，祖先的遺存和周邊文化的積澱使他們知道青銅雕刻必須這麼做，為王族製作的青銅雕刻也竭盡全力地做到高貴極致。比如，在晉寧石寨山 1956 年出土的三個以建築為主的青銅雕刻，建築是杆欄式建築的三種不同結構和功用的屋宇，在屋宇的適當位置，都有活動的相應身份的人物和相應用途的動物和道具，彷彿能感到人聲鼎沸，場面頗似東漢表現世俗生活的陪葬陶俑群，但是折射的氣氛全然相反，這裡古滇國的青銅人物雕像是奇異、夢幻、沉重的、以神為主的空間，而東漢漢地陪葬墓俑是通俗、現實、輕鬆的、以生活為主的氣氛。也許是不同的宗教思想帶給了雕塑藝術家不同的製作靈感而使然。這樣的青銅重器和群雕的組合，儼然成為墓葬地下空間內在集聚力的符號所指。

　　青銅器和青銅雕刻被古滇國人作為營造地下環境的重要器物，它一定與假想的觀看者之間有必然的線索。一種信仰、一個典故、一段故事、一席權威，都在青銅陪葬器物和其形成的空間之間存在，於冥冥之中得以闡述，這種存在也承載著青銅雕塑製造者的期待。比如，青銅貯貝器和青銅扣飾的

大量陪伴，置放於貯貝器上雕塑的塑造技法，與生活中貴族佩戴的青銅扣飾的雕刻手法是一致的，它的內容和形式彙聚了創造的精神，帶來藝術作品超然的張力。眾所周知，古希臘圓雕是運用直線和曲線的對比製造動感，巴洛克雕塑是把物象設計成螺旋形上升的風一樣的炫動產生張力；而古滇國青銅雕塑是利用體塊與體塊之間的力點衝突，線與面對比落差的迴旋產生張力，張力與環境緊緊銜接。正如蘇珊·朗格所言，「有形的形式有著一個空的空間作為補充，有形形式絕對地支配著這個空的空間。這個空的空間屬於它而且只屬於它，事實上，它也是雕塑體的一個部份。雕塑本身似乎與周圍的空間有著一種連續性，不論固體部份有多大，都與周圍空間組成了一個整體。空的空間包圍著它，包圍著它的空間作為有形體的延續，有著生命形式」〔註7〕。

空間環境的營造和轉換，強烈地導引了從「語言」到「視覺」的轉化，構成空間的雕塑拉大了空間的延伸，從而使得祭祀器物相互之間加強了體內的威力。首先是視覺感受，然後是心理的感悟，也就是說，從「空間」到「視覺」的轉化，由「此空間」到「彼空間」的對心理的影響力在悄悄地滲透。

4.2 空間中的氣勢

古滇國青銅雕刻內容繁多，它不同於今天現代雕刻藝術的內涵和功用，所以置放方式和對空間的理解是與祭祀陪葬主題統一的。這些青銅雕刻氣勢恢宏，雕塑者十分在意群體雕塑在空間中的立意，青銅雕刻遍佈在貯貝器、兵器、農具、銅尊、樂器和扣飾上，是什麼動力，驅使古滇國上層權貴傾盡全力鑄造如此龐大的青銅雕塑來陪葬逝者呢？這些陪葬青銅器安放在棺槨的上下四周，圍繞著主人的身體空間和靈魂空間。在神聖的貯貝器蓋上置放了群雕的各種場面，這些場面在古滇國人的社會生活中常見，必不可少。如果把古滇國貯貝器上的雕塑一一排列，應該是巨幅的連環畫式的述說，它不僅僅在數量上佔據的優勢，而且在雕塑語言的特殊和雕塑所帶來的視覺上使人震撼無比。

古滇國青銅器皆出土於大型墓葬，青銅器是按照一定的空間布置放在棺

〔註 7〕蘇珊·朗格著，劉大基、傅志強、周發祥翻譯，《情感與形式》，中國社會科學出版社，1986 年版，第 104 頁。

槨的蓋上或者底部，有的青銅器是圍繞墓主，銅枕是在墓主頭下枕著，有的飾品按照古滇國貴族生前的裝飾歸位。所以我們難以想像古滇國人怎樣把握生與死和未來的聯繫，生死觀和宗教與青銅器陪葬物是怎樣的關聯？青銅器是以怎樣的途徑物化了那些古老神秘的信念？陪葬青銅器物的觀者是墓主，逝者的靈魂與青銅器對話無數次，這是逝者在地上世界所祈願的，讓墓主在另一世界得以安逸延續生前的奢華與輝煌。

　　古滇國青銅雕刻以這樣的材質營造了特殊的氣場，富有巨大的震懾力。青銅雕塑在這裡執行了宗教或禮儀顯象的語言言說意義，使其自身的物質性和精神性達到了極度的統一，這樣，青銅雕塑所具有的就不只是視覺圖像的張力，還有來自強烈的宗教情感的精神張力，對心理世界的全面征服，才是真正立體的空間的擴展。

　　古滇國人選擇貯貝器蓋這種獨一無二的祭祀器物，來昇華他們祭祀儀式的級別。由此古滇國青銅器的特殊魅力在儀式中展示得一覽無餘。絲毫沒有因為其尺寸的微小而阻礙雕塑內在的氣勢，貯貝器蓋圓形的平面，雖然局限了雕塑者的創造空間，但沒有限制雕塑者的深邃的想像力。那一幕幕的祭祀、狩獵、放牧、紡織、納貢場景，如紀錄片一般在小小的器蓋上娓娓道來。貯貝器和器頂蓋面的圓雕場面，在青銅塑造和焊接、鎏金、鍍錫等工藝技術上十分複雜，經過艱難的製作流程方能得以創作意圖的完整展現。貯貝器蓋面是特殊的位置，在技術上考驗著創作者的智慧，在意識上限制著塑造者的想像。然而，古滇國的雕塑藝術家們懷著敬畏之心和感恩之情，在小面積中創造大意識，貯貝器蓋面上的青銅雕刻所隱含的精神力量非同凡響，它們可能是古滇王國的理想所指，希望所向。我們今天可以用栩栩如生、生動無比，盡精微、致廣大，各種詞彙來描繪它的精彩、力度等等，卻難以想像古滇國雕塑家花費了幾多心血來完成這多項鴻篇巨製。有命運的安排，也有宗教的約束，也有對眾神的敬仰，可謂費盡千辛萬苦創制了青銅雕塑的無數個場面，然後置於貯貝器蓋面———一個神聖的空間由此打開。

　　單說以牛為主題的貯貝器，一牛、五牛、七牛、八牛的都有，單是牛的種類就有三種，有牛角彎曲朝額頭前方的，有牛角彎曲向上的，有牛角彎曲向身後的。古滇國的雕塑藝術家們非常有心地注意到了細微的區別，應該說他們非常熟悉不同種類的牛，因此可以信手拈來、對牛的塑造成竹在胸。圓雕的老虎也相伴在其中，貯貝器器身有對稱老虎佇立，有個別老虎也放置在

器蓋，與牛群一起，但牛群仍然是主角。牛群圍繞圓形蓋面的周長邊緣擱置，頭朝一個方向，有反時針、順時針，有的中央置一大牛，有個特別的器蓋中央置一銅鼓，鼓面上置一大牛。圓形的平面上有立體雕塑的組合，形成旋轉的動態，牛身體上一般刻畫了抽象符號，寫實的牛壯實的身體表面刻畫神奇的符號，增加了牛的超自然能力。這些青銅雕塑的牛在圓盤上各具神態，在圓圈裏彷彿一直在旋轉，這樣的旋轉和巫師的歌舞旋轉結合在一起，能夠讓人產生渾渾噩噩的眩暈感，在幻想之中形成強大的魔力，更接近於與天神的對話。

出土於石寨山的青銅兵器「懸俘矛」，矛上懸掛的兩個圓雕俘虜極爲特別。好像是現代雕塑家的泥塑手稿人體，吸引了我們的眼球。矛的底部兩

圖 6-18　立牛貯貝器

（戰國，高 33 公分，蓋徑 18.5 公分，
作者拍攝於雲南省博物館）

端穿孔，各懸掛一裸體的俘虜或奴隸，處於原始部落社會和奴隸社會混雜期間的古滇國，有以活人做祭祀的「獵頭」習俗。這些戰敗的俘虜用以祭祀，是世界各國奴隸時代的通用規則。古滇國人用兵器承載了人體圓雕，記錄了殘酷的人牲制度──由於古滇國人視之爲理所當然，因此在此祭祀器物上看不見仇恨和殺氣，倒是對神的敬仰而使得眼前的矛和人體靜穆崇高。

自古以來，西南邊陲的各族群就擁有自己的神，有的民族崇拜多神，大家對神的敬拜幾千年一以貫之，並且互不干擾。族人把自己貢獻給神的世界，是自然而然的人生哲理，是一種人生觀的特質。神的力量是無限的，神力無處不在，古滇國的一切爲神而生，青銅雕刻也爲神而做，由古滇國青銅雕刻構成的世界擁有無窮的神力，神力的重疊形成一個強勢的空間氣場。

古滇國青銅雕刻塑造的空間具有強大的吸附力和外張力，其雕塑的材料、語言、體量、組合方式都是空間之美構成的特殊形式。古滇國青銅雕刻

所佔有的文明沃土特殊而另類，在特異的文明中，古滇國青銅雕刻建立了雄奇的藝術生命體。

4.3　空間中的精神

　　藝術一開始的確是關注社會的，服務於原始的小社會，藝術的創作是以社會人群為單位的集體創作，文明初始的岩畫、彩陶、建築、雕刻等，都是藝術工匠們集體創作的成果。人類文明的演進使得分工細化，藝術從群體行為中脫穎而出，藝術家越來越個性化，但是，藝術家所創造的精神空間總是彙聚成巨大的力量，尤其是視覺藝術，其藝術語言與社會反饋形成特殊的空間動力。

　　古滇國的青銅器和青銅雕刻，是奴隸社會時代，工奴藝術家集體創作的立體呈現，他們創造了震人心魄的青銅雕刻，雕塑是立體的三維藝術，可以感動天地。雖然古滇國的青銅雕刻藝術從屬於古滇國王族和貴族的政治宗教意志，但是從社會學的反射中，可以反觀古滇國藝術工奴們創作精神的博大胸襟。在青銅雕刻所形成的空間中，蘊蓄綜合的精神意向，以形體的對比、造型的強弱節奏、線條的韻律等，塑造出視覺藝術的語言空間，而其中，青銅人像和動物的具象雕刻組合，有協調，有衝突，有融合，有對峙，造成雕塑與環境的相互「干預」，而產生空間的動力，在特殊的空間中產生視覺與精神的審美解讀，以環境和空間為媒介，古滇國青銅雕刻的藝術理念與社會環境聯繫起來，冷雋的雕塑藝術精神充滿了敏銳的思索，激情四射。其中，神秘的衝勁與古滇國的宗教精神相統一，雕刻符號的語言滲透在自然物象和族群的意象裏，濃重的情感與藝術的精神相碰撞，圖像的象徵意義達成了精神在空間中的轉化。

　　古滇國人置身於青銅器和青銅雕刻所環繞的場景中，心靈會不知不覺地與環境交流，環境的氣場對人有潤物無聲的滲透，青銅器和雕塑形成的空間，以強烈的古滇國風格的形式感和審美取向為基調，此類具有精神性的空間是與人類心靈相通的，是人類的主觀意願追尋理想的物質體現。古滇國人塑造了紛繁華麗的青銅器和青銅雕刻構築的世界，完美地融合了諸多雕刻技巧，按照古滇國的現實，縱情發揮，肆意奔放。密集的雕刻藝術被充實在陪葬的空間裏，用以歌頌古滇國的智慧，而又與神靈溝通，此種方式，比較相似於基督教建築的意向，創造一個精神的空間，創建一個心靈與環境對話的境界。

只不過，一個是地下的空間，一個是地上的空間，它們都反映了人類共同的精神意願，祈盼與天、神接近而又有左右自然的超能力。

古滇國墓葬裏的青銅器物，非常有序地置放在有限的地下空間，似乎有特別的規制，以呈貢天子廟古滇國早期墓葬爲例，尤其是四十一號墓，爲豎穴土坑墓。墓口長 6.3 米，寬 4 米，墓底深 4 米，墓底長 4.15 米，寬 3.1 米。葬具爲一槨一棺，槨蓋板係剖開的原木鋪成，原木直徑二十到三十釐米，有十到十五條大體等長的剖開原木縱鋪，剖開的平面朝上，原木的弧面向下，爲了減輕壓力，整個槨蓋板連成整體，還在每棵原木的弧面相同部位，分別鑿出了三道榫槽，與槨壁板上的三道橫梁相扣合，使得整個槨蓋板連成一體。在槨蓋板上置放隨葬器物。〔註 8〕

從發掘現場的繪圖和考古報告看，槨蓋板上置放了青銅兵器、青銅扣飾、青銅炊具、瑪瑙、玉石、綠松石飾品等；槨底板存放的隨葬品規格較高，種類豐富，數量繁多，有做工精細的青銅兵器、青銅尊、青銅鼎、青銅桶、青銅頭盔、青銅甲片、銅鼓、銅枕、彩繪漆器棒，青銅農具、青銅扣飾、瑪瑙、陶器等。（其中，兵器 156 件，生產工具 40 件，紡織工具 4 件，生活用具 21 件，樂器 2 件、杖頭 1 件、扣飾 23 件，其它陶器、鐵器、漆器、玉飾品、寶石、貝類等五百多件，貝一千五百多枚，綠松石數以萬計。）

在如此狹小的地下墓葬坑空間裏，密集地陳設上百件的高規格的青銅陪葬器物，可見古滇國上層統治者的用心與重視。這些青銅器，造型獨特考究，神奇怪異，通身雕刻圖案符號，密集的裝飾和奇巧的造型融化爲古滇國文明的深刻視覺表徵。這些青銅重器和玉器、陶器、漆器一同營造了有意味的氣場，而這個氣場所擁有的空間，承載了古滇國族群的精神狀貌，把這些青銅器物，一件一件地提取，研究其中的裝飾圖案，展示出古滇國文明的特殊符號用意，裏面所涵蓋的諸多語彙，僅僅在兵器的造型和繁縟富麗的裝飾圖案中，就表達了與眾不同的文明基因，這些符號圖案，闡釋了古滇國的精神空間和宗教精神。

古滇國國王貴族花大本錢大力氣用青銅材料製作如此複雜完善的「古滇國世界」，用於陪葬，永存於地下世界，該是經過了長久的文化篩選和統治者意識的塑造，才運用了如此的青銅雕刻的形式。可以說是「皇家的定制」。陪

〔註 8〕昆明市文物管理委員會，《呈貢天子廟滇墓》，《考古學報》1985 年第 4 期，第 507 頁。

葬品的製作是嚴肅的工程，耗費鉅資、廣聚人才、大動干戈，並且要經歷長久的時間和艱難複雜的工藝流程。古滇國青銅雕刻除了以特殊的材質營造了特殊的氣場外，還運用雕塑藝術特有的內涵營造有威儡力的氣場。所以，今天展示在眼前的古滇國青銅器及其青銅雕刻的特殊造型方式，是統治階層用心良苦選擇的結果，它們可以再現古滇國「原貌」，也是滇王國上層建築意識運作的表象。

第七章　古滇國青銅雕刻的區域地位

古滇國青銅文化，能夠在人類青銅文化中佔有一席之地，一定有它深厚的根基和豐富的文明養料，除了本土的遠古文明的積澱，還有與諸多文明的交往，而多種文明的營養在歷史的長河中，過濾、篩選，才會奉獻出閃光的人類智慧。考古發掘已經證實，古滇國與各個文明方國早有交往。古代文化之間的相互聯繫說明了早期文明的交流與互補，古滇國青銅文明之花並不是孤立無援的，它立足於多元文明的肥沃土壤，又保留了古滇國本土文明的原型，在相鄰的區域文化中有鶴立雞群之景象。

第一節　古滇國青銅雕刻獨具風采的歷史價值

消失的古滇國沒有留下文字，中國國內現存文獻也只有對古滇國不超過五百字的記錄。幸運的是，建國以後對滇中滇池區域古滇國墓葬群的發掘，重新打開了人們認識古滇國的視野，尤其是數量眾多的青銅器和青銅雕刻被發掘出土，給研究者提供了一個直觀的世界。其中，古滇國青銅雕刻塑造了生動的人物圖像，「就其活動內容而言，有祭祀、戰爭、狩獵、放牧、上倉、農作、紡織、納貢、交易、飼養、炊煮、演奏、舞蹈、媾合、遊戲等。」[註1] 這些雕刻，幾乎涉及到了從古滇國上層奴隸主到普通古滇國居民的社會生活細節，這些立體的形象，十分寫實地再現了古滇國的社會狀貌，記錄了古滇國特殊的奴隸社會時代特徵。

〔註 1〕《中國西南民族考古》，張增祺著，雲南人民出版社 2012 年版，第 309 頁。

在奴隸社會階段，世界上的每個區域社會發展特徵、內部結構是不一樣的。正如古希臘、古羅馬帝國和我國古代的商、周奴隸制度，有共同的發展規律，但是，其內部的奴隸制社會制度卻大相徑庭。我國古代一些小方國的奴隸制內部制度也不同於商周。古滇國的奴隸制系統中，就遺留和混雜了原始氏族社會的某些特徵，這在青銅雕刻中有所表現。其一，貯貝器上的「紡織場面」和「祭祀場面」裏，雕塑體積較大，處於中心位置的奴隸主或者巫覡幾乎都是女性，似乎具有母系氏族社會的餘韻；其二，在「春耕點種」、「上倉」等農作題材的雕刻畫面裏，坐在肩輿裏地位較高、指揮祭祀的都是女性。這些青銅雕刻所記錄的內容和場景明示了女性在古滇國的地位所在，也同時暗示了原始母系氏族社會的社會特徵的保留。除此之外，青銅雕刻中塑造的古滇族祭祀天地水、祭祀農耕、以犧牲祭祀、獵頭、媾合的內容等，也是原始氏族社會特徵的表現，並且具有古滇國自己的原始宗教特徵與內涵。

另一方面，古滇國墓葬中出土了幾千件的武器，其中一類青銅武器上置放有人物和動物圖像的圓雕和浮雕，武器體面有雕刻的、體現古滇國文化意味的線刻，這一類武器顯然不是用於直面戰場，而是供祭祀之用意。武器作為祭器的精心製作，反映了古滇國時期重視戰爭的主旨，也是「國之大事，在祀與戎」的內涵在奴隸制社會的普遍體現。古滇國青銅雕刻還塑造了眾多的戰爭、納貢和擄掠的場面。進一步強調了戰爭和擄掠在其國家的重要位置，國家的財富來源多半是征戰的勝利帶來的，對外擴張、對外族的征服，可以佔領更豐厚的資源、生產力和土地食物，財富的積纍變得更加直接便捷，被征服的族群還要不斷的納貢。這些與戰爭有關的青銅雕刻，像電影一樣緩緩地放映著展現了古滇國統治者的治國主張。這類場面塑造得逼真壯觀、恐怖慘烈，落馬掙扎、殺人祭神、捆縛斬首、跪地求饒等，反映了古滇國王權的高度集中，崇尚武力的強權與威儡，這些古滇國推崇和使用的統治形式，用材料昂貴、工藝繁複的青銅塑造成形，進一步顯現了古滇國國王權力的集中和對財富的壟斷。

再者，古滇國青銅雕刻幾乎全方位地記錄了古滇國人生產、生活的各個領域。紡織、春耕、上倉、收穫、樂舞等場景的細節描繪，還有精緻華麗的青銅農具，祭祀和集市場面的多次出現，並用青銅圓雕立體呈現，都暗示了古滇國方國文明的成熟。筆者研究了其中人物的髮式和服飾，可以清晰可辨

其中有不同的族群：昆明族、濮人、僰人、僚人、越人、滇族等。古滇族椎髻、跣足、著貫頭衣，古滇族在服飾和頭式方面沒有等級區分，在青銅雕刻的生產、生活、祭祀、戰爭等場景裏，也沒有出現古滇族為奴隸或被用於犧牲的場面。青銅雕刻裏面出現了眾多的古滇族形象，他們農作、放牧、狩獵、祭祀、習水、操舟、舞蹈、歡歌、交易，其樂融融，在古滇族內部似乎沒有特別嚴酷的等級區分，這，也是古滇青銅雕刻記錄歷史的重要一面。

古滇國青銅器和青銅雕刻，是可以觸摸的物質存在，他提供給現在的研究者直接的圖像，這些圖像再現的古滇國人與人、人與自然、人與器物的關係，顯現了古滇國青銅雕塑的文化價值，為研究民族文化的豐富性打開了一扇有風景的窗口，深度隱喻了青銅所創造的物質世界的社會歷史地位。它們表現的形式和內容，融為統一的審美精神，為許多學科領域提供了珍貴的圖像資源。

第二節　古滇國青銅雕刻與其它地域文化的比較

透過古滇國青銅雕刻的內容和風格，可以追尋古代文化交流的諸多線索。那麼古代方國之間相互文化交流的成果，也可以反觀古滇國青銅藝術的文明意蘊。古滇國的青銅文化，能夠在人類青銅文化中佔有一席之地，一定有它深厚的根基和豐富的文明養料。除了本土的遠古文明的積澱，還有來自與諸多文明的交往，多重文明的營養，經過歷史長河中的過濾、篩選，才會奉獻出閃光的人類智慧。考古發掘實物已經證實，古滇國與同時期的大小不同國家早有交往。古代文化之間的相互聯繫說明了早期文明的交流與互補，古滇國青銅文明之花並不是孤立無援的，它立足於多種文明的土壤，又保持了古滇國本土文明的主線。

三星堆青銅原料經過現代科技鉛同位素比值法鑒定，是來自於金沙江中游雲南巧家一帶的銅礦，古蜀國與古滇國，有江河相連土地接壤，其相互的聯繫可以理解。古滇國與古蜀國的居民從遠古以來就通婚、通商，寬泛綿長的國土交界線，是方國之間密切往來的橋梁，到今天為止，金沙江兩岸、瀘沽湖沿岸的居民雖然在行政區化上分屬川滇兩省，但是文化習俗和語言語音卻如出一轍。考古發掘材料已經證實，它們自石器時代以來就有深度往來。而青銅時代的器物，古滇國青銅器與三星堆青銅器相比對，筆者認為二者在符號方面有相似之點。方國文明在各自地域，有來有往，有異有同，此文明

燦燦之規律也。

2.1 古滇國青銅文化與三星堆文明的交流

　　巴蜀與古滇、昆明，由於共處西南，自古以來有諸多交通便道支撐了文明的互往。滇池區域往北為曲靖，經過朱提，到犍為，達到成都平原，此其一；金沙江兩岸的頻繁交往自然不用贅述，它是川滇難以區分涇渭的生命之河；其次，還有滇東北經過貴州轉向巴蜀古道的交往之道。《漢書·地理志下》載：「巴蜀、廣漢本南夷，秦並以為郡，土地肥美，有江水沃野，山林竹木蔬食果實之饒，南賈滇、僰僮，西近邛、笮馬犛牛。」古蜀國與古滇國之間的方國交往古而有之，民間自然的通婚和商賈往來應該多於官方正式外交。而民間的紐帶往往是深入骨髓的文化滲透。古蜀國和古滇國，為西南絲綢之路的重要通道，記載清晰、有實物為據、而且現在依然存在的就有靈關道（三星堆－成都－邛崍－雅安－漢源－瀘沽－西昌－會理－攀枝花－永仁－大姚）、五尺道（三星堆－成都－彭山－眉山－樂山－宜賓－鹽津－昭通－威寧－宣威－曲靖－昆明－安寧）、博南道（楚雄－南華－彌渡－大理－保山－龍陵－潞西－緬甸密支那）、牂牁道（宜賓－珙縣－興文－威信－鎮雄－赫章－畢節－安順－紅水河－黔江－西江－廣州），這是其中的主幹線，還有一些支線，比如大理－元江－紅河－越南河內。再次，還有著名的身毒道。古滇國是蜀國出南中，西賈印度的必經之地；四川雅安、漢源等地為古笮國，為古代犛牛道（或稱靈關道）所在；僰道在今宜賓與昭通之間，為僰人佔領，秦開鑿的五尺道今依然存在於山嶺之間。這帶來由來長久的自然交流，三星堆一、二號坑，出土了特別的齒貝，也許是做早期文明的貨幣實用，亦為財富權力象徵，這種海貝經過鑒定，是印度洋深海水域產物，而在雲南大理、祿豐、昆明、曲靖、楚雄等古滇國和古昆明國墓葬中均有大量發現，在四川涼山州古墓葬中也發現不少，這些海貝的出現，串起了一條明顯的文化傳播線索，證實西南絲綢之路上，三千年以前就有全方位的文明互往，而古滇國，其地理位置正好在各路西南絲綢之路的中部交匯點上，可見古滇國與鄰國文化的互動是必然的，可謂天時地利人和之便也。那麼，古蜀國與古滇國後來的陸續交往，也就順理成章夷。

　　南中自古富產銅、錫礦石，不僅中原王朝需要從雲南輸入銅、錫礦料，而且蜀地青銅器原料也須部份仰給於雲南，如三星堆青銅器中的鉛，即取之於雲南，大概其銅、錫原料的供應也離不開這條途徑。蜀、滇青銅器合金成

分比較接近，便足證實這個問題〔註2〕。蜀與南中、印度的文化交流關係很早以來即已發生，其濫觴至少在商代中晚期，聯繫印度洋北部地區和東南亞自古存在以貝幣為交易媒介的傳統習俗，而雲南各地和三星堆所見到的海貝中的環紋貨幣僅產於印度洋。「令人費解的是，三星堆2號『祭祀坑』出土的『玉瑗』和江川李家山早期墓中的玉鐲，無論從器形、大小及細部結構看，都屬於同類型器物」。〔註3〕這是早期蜀文化與滇文化的交流實證。

一個為墓葬陪葬品，一個為祭祀坑發掘。兩個王國同為兩千年前消失，沒有文獻保留。古滇國與三星堆文化同樣成為歷史之謎。李白詩歌說蜀國與秦國難以往來，而由於地理原因，其實古滇國和蜀國秦國往來難度也比較大，因此才會產生各自獨特的文明面貌。三星堆的青銅雕塑是神話創作的結果，所雕塑對象均不是地球世界可以對應看到的自然所造，碩大的體量、突出的視聽器官，幾何化的處理，無處不顯露出創造者主觀意識在青銅器物上的強化，那頗具代表性的巨大無比的搖錢樹，已成為蜀文化的象徵性符號。而蜀文化的神秘感，在茫然中不知所置，消失在後來的佔領者的文明中，學者們所猜想的大眼蜀王蠶叢，與蠶叢的圖騰鳥的部落，也由此銷聲匿跡。三星堆青銅雕塑所塑造的面具上的鷹一樣的鼻子，總引導人類學學者想從古羌人那裏尋找古蜀文化的關聯，但是，由於三星堆雕塑是高端的形而上的塑造，很難在現實中尋求相關的圖像。三星堆青銅雕誇張的塑造與古滇國青銅極力寫實憨態凝重形成強烈的反差。古蜀人在三星堆的青銅雕刻中，通過圖像的外形著重強調了象徵蜀人上層領袖的智慧、聰明、高超；而古滇國青銅雕刻強調的是圖像與現實的一致，極力表現古滇人努力尋求與諸神的溝通和對話，以此求得諸神的祐護。

兩個文明之間也可以對比異同，首先，古蜀國古滇國的文明都有本土的源流和獨立的文化序列，從兩個地域發掘的陶器和玉器就可以清晰可見，三星堆的青銅飾牌和配件多出現鳥形圖式和幾何形，時期較早，顯示出岷江流域的文明特質，鳥形暗示了部族的圖騰意願，幾何形貌似樹木被抽象後的樣子，與搖錢樹文化有密切的關聯，鳥形也做了幾何化處理，可以看出，三星

〔註2〕　段渝、鄒一清著文，「蜀身毒道與南方絲綢之路」《首屆雲南撫仙湖與世界文明學術研討會論文集》，首屆雲南撫仙湖與世界文明學術研討會組委會編，2011年，第495頁。
〔註3〕　《滇萃——雲南少數民族對華夏文明的貢獻》，張增祺著，雲南美術出版社，2010年9月版，第61頁。

堆出土的陶器、玉器、青銅器都經過慎密的前期設計，線條優美、注重曲線在造型中的運用，雅致精巧，細節處理從不馬虎，尤其能夠突出工藝的完善，這在三千年以前的奴隸社會時期，堪稱領先的工藝製作，而古滇國的陶器和玉器沒有三星堆的類型多，陶器造型風格與之完全是兩種路數，古滇人的族群與三星堆的蜀人非同一類，圖騰各異，崇拜不同的神靈，器物的造型風格差異明顯，同樣的陶鬲，三星堆的修長秀美，古滇國的樸實圓渾，三星堆和金沙遺址出土大量的玉器，展示了古蜀國玉器時代的文明輝煌，此不贅述。古滇國出土玉器較少，其中有玉瑗與三星堆玉瑗統一樣式；古滇國青銅飾牌出現在時限上較三星堆青銅飾牌晚，其中的當廬一類爲本土文化特徵的代表，有鳥類形象的青銅雕刻，但是其造型風格與金沙和三星堆完全不同，同爲圖騰祭祀的鳥形，古蜀國的具有神性色彩，擴大鳥眼，與其面具突出的視覺器官出奇的統一；而古滇國的更貼近自然——雖然有些也做了圖案化的歸納，但是從整個造型上強調鳥群的和諧與自由飛翔的氣勢。同樣的崇拜太陽神，但是，在金沙遺址和三星堆遺址發現的太陽紋圖案和古滇國青銅器上出現的太陽紋圖案是不同的幾何造型，而古滇國在社會學年代中，比蜀文化晚，蜀國的青銅文化與黃河流域的商幾乎是同步的，古滇國雖然發現了與商同期的青銅器，但是從目前的考古發現看，古滇國的青銅時代，其眞正繁盛是在戰國時期。三星堆玉器青銅器都有大量的圭和璋，以祭祀天地，這是黃河流域文明的印證，而古滇玉器和青銅器祭祀天地的符號另有所選，可見與黃河流域文明在此方面交流甚微。古滇國的動物內容的銅飾牌幾乎寫實，述說故事或者現實發生的場景，極少有幾何化的圖形，西漢以後有個別幾何形飾牌可能受到晚期北方游牧民族文化輻射；三星堆青銅器物也出現銅鐘，但是尺寸較小，是懸掛在搖錢樹上的樣子，沒有特殊的用意，也未發現系列類型，而古滇國文化裏的青銅鐘，除了樂器的本意外，還有祭祀的用途和王權地位的象徵，有不同樣式的造型圖案風格，也有數理排列的講究，其上特殊的裝飾符號和圖形，都顯現了古滇文明固有的意義內涵。

如果說三星堆青銅雕塑是神性仙化的成果，那麼雲南青銅雕刻則是直擊現實的，最多是醉酒狀態的現實目擊。而古滇國的青銅雕刻所塑造的場景和造型，幾乎是整個生活的方方面面，不僅僅有祭祀、禮儀、神話、愛情、娛樂、集市、戰爭、納貢。古滇國社會立體地被青銅雕塑所呈現，甚至有的場面在今天雲南的廣袤山水間依然保存，比如，少數民族日常生活中的集市、

祭祀和歌舞宴飲，依然是那樣的忘卻了時間的概念，酒酣的狀態彷彿把人們定格在青銅雕塑的永恒裏。相對三星堆青銅雕刻的誇張，古滇國青銅雕塑是貼近眞實的，如前文所述，連環畫似的捕捉了古滇國社會的許多細節，從其塑造的雕塑人物中，通過衣著和形象和舞蹈，可以清楚地區分他們的民族來源，以及兩千年以後的族群文化走向。這樣的傳承，導引了古滇國青銅雕刻藝術寫實技巧的成熟與高超。

2.2 古滇文化與古南越文化的互往

雲南與兩廣，陸路相鄰，而且珠江水系起源於雲南中部，屬於古滇國區域，其橫貫東西，將兩個古代方國文明區域串聯在一起，雖然目前所掌握的考古材料，尙未找到南越國建立之初與古滇國交流的直接證據，但是，早期交流的事實是客觀存在的，也許未來深埋地下的物證被發掘後，將提供給研究者更多的線索和文明的吸引力。

雲貴高原處於中國西部向東南傾斜的第二級階地上，其南部逐漸過渡到廣西盆地。雲貴高原與嶺南在中國境內是兩個相對獨立的地理單元，但因爲相互毗鄰，珠江水系貫通兩大區域，有著比較便利的交通；沿紅水河南側及鬱江往西，經過左、右江流域，便進入古滇國東部，自然地理條件對兩地各個方面的交流非常有利，兩種文明的交往也就可以通過便利的水道順勢而產生。而古代的駱越生活在廣西左右江兩岸、現雲南東部、現越南北部、現貴州東南，屬於百越的一支，早在商周以前就與中原有互相往來。

古滇國與古代甌越、駱越部族，自古以來來往密切，甌越部族佔據桂江流域，而駱越部族聚居在今雲南省東部、貴州省西南部和越南紅河三角洲地區。

古代滇國文化與南越文化的聯繫和交往，是考古學界已經確認的事實。發源於雲貴高原的右江橫貫廣西西南，形成了狹長的百色盆地，這是嶺南西部早期人類生活繁衍的地帶，在與百色比鄰的雲南富寧縣發現的革新橋遺址，發掘了重要的新石器時代中晚期石器、陶片、獸骨。說明自古以來，甌越文明與古滇國文明都有往來或者說同源性。而隨著現代科學考古的成熟，發掘材料的增多，越來越多地顯現出南越與古滇國歷史上的頻繁交往，在經濟、貿易和文化諸方面都有豐富的歷史遺留，也是東亞南部民族文明精神的在此閃現，可以重拾起一段消失的文明。物產方面，在古滇國墓葬裏發現的海貝、肉紅蝕花石髓珠以及廣西合浦出土的西方裝飾品，印證了《漢書·

地理志》和《三國志・魏志》所記載的南海道和大秦道的存在，說明，東亞
南部地區早期的濮、越等先民，以及原南島語族、原南亞語族人民（撣國及
漢日南郡人等），在先秦兩漢時就已經從水、陸道同西方印度等國家進行頻繁
的交通〔註4〕。

　　銅鼓和銅鐘等青銅樂器的運用，暗含了宗教文化和祭祀禮儀文化的同向
性。先說銅桶，滇池東岸呈貢天子廟出土的青銅提桶和貯貝器與廣州象崗山
南越王墓出土的青銅提桶、廣西貴港市羅泊灣一號墓出土的銅桶形制統一，
上大下小，平口，平底，內凹成圈足。銅桶外壁紋飾也較爲相似。日本學者
新田榮治論文論述了此類銅提桶是越北和兩廣地區的產物，這種器物厚重莊
嚴，紋飾極其富麗堂皇，有時作葬具使用，非常人所能擁有，當是大貴族壟
斷的重器。古滇國在提桶的基礎上，慢慢演變成特別的貯貝器〔註5〕。南越王
墓出土了巨大的青銅提桶，器型端莊，紋飾以幾何形組合成帶狀，疏密有致
地分佈在器壁，顯得高貴華麗。廣西貴港市羅泊灣出土的銅桶外壁上部刻飾
櫛紋及勾連雷紋帶、同心圓紋，中部爲勾連雷紋帶，下部是櫛紋帶，桶腹上
部一側刻有文字，是公元前206～公元25年的銅器，曰「布」銘銅桶，共出
土兩個，另一個無銘文。在考古年代上晚於古滇國銅桶。在滇池東岸的呈貢
天子廟、羊甫頭等古滇國人早期大墓的陪葬青銅器中，有外形與嶺南提桶極
其相似的青銅貯貝器，不同的是，古滇國銅桶有蓋，蓋上置放有青銅圓雕，
爲滇牛大小排列，牛身上刻有花紋，桶壁近口沿處有對稱的圓雕虎形耳，與
蓋上側沿的方形耳彼此對應。桶壁上布滿紋飾，有弦紋、三角形齒紋、圓圈
紋、斜線紋等幾何紋樣，還穿插了具象的競渡、牛、水鳥等與古滇國農耕漁
業文明相關的裝飾。其考古年代爲距今2500加減150年（相當於戰國中期），
它們都是當時大貴族壟斷的重器。有學者認爲，古滇國大墓陪葬的青銅提桶
形貯貝器明顯是對南越式青銅提桶的改進〔註6〕。而筆者以爲，銅桶文化透露

〔註4〕《撫仙湖與東南亞古文明比較研究》，段立生文《首屆雲南撫仙湖與世界文明
　　　　學術研討會論文集》，首屆雲南撫仙湖與世界文明學術研討會組委會編，2011
　　　　年，第126頁。

〔註5〕「從考古發現看南越國與滇國的經貿文化交流」謝崇安文，《首屆雲南撫仙湖
　　　　與世界文明學術研討會論文集》，首屆雲南撫仙湖與世界文明學術研討會組委
　　　　會編，2011年，第208頁。

〔註6〕「從考古發現看南越國與滇國的經貿文化交流」謝崇安文，《首屆雲南撫仙湖
　　　　與世界文明學術研討會論文集》，首屆雲南撫仙湖與世界文明學術研討會組委
　　　　會編，2011年，第208頁。

了古滇國與甌越、南越國久遠的、頻繁的文化融合，古滇國的銅桶製作相對
精細、完美，更加以附著多種雕塑形式的裝飾內容，可見古滇王對此類器型
的銅器的推崇，其意義深遠。再說銅鼓，廣西發掘銅鼓眾多，但是器型接近
古滇國銅鼓的有兩個代表，一個是「雷紋三角形帶紋銅鼓」，戰國時期，屬於
「萬家壩型銅鼓」。鼓面中心稍微突起，有太陽紋不規則的十一芒，無暈圈，
鼓胸素面，鼓腰有兩對耳，裝飾繩索紋、三角紋、回紋。另一面銅鼓曰「翔
鷺紋銅鼓」，鼓面中心十六芒，六暈，裝飾翔鷺二十隻，鼓胸雕刻有六組羽人
划船，船端頭有大魚，長喙鳥，鼓腰上雕刻有十二組鹿紋，十二組舞蹈羽人
文，仔細琢磨排列數字，似乎與太陽曆有關。此鼓爲西漢時期器物，屬於「石
寨山型銅鼓」。廣西地區出土的這兩類銅鼓的確受到古滇國文化的深度影響，
不僅僅在器型方面，而且外部紋飾也高度一致，屬於一種宗教禮儀系統的祭
祀器物，在藝術風格上也是同一傾向，只是同一風格的銅鼓，廣西地區的實
物在考古年代上稍微晚些。

　　還有銅鐘，古甌越墓葬發掘出數量眾多的銅鐘，但是，其中的羊角扭銅
鐘最接近古滇國的銅鐘器型，羊角鈕鐘流行於戰國晚期至西漢初，而迄今知
道的最早的羊角鈕鐘出土於雲南楚雄的萬家壩春秋晚期墓葬，爲嶺南發現最
多，所以，古滇文化與甌越嶺南一帶的百越文明自古以來有千絲萬縷的關係，
或許同屬一族也有可能。羊角鈕鐘盛行於戰國初期到西漢晚期，差不多從公
元前五世紀跨到公元一世紀，長達四百餘年的歷史，然後戛然而止。雲南出
土三十件以上（正規機構累計二十三件，但是筆者在紅河州博物館看到蒙自
出土的兩件，在玉溪市新平縣漠沙鎮大沐浴寨花腰傣民俗展示館看到當地出
土的六件未被統計其中，還有新近出土或散落於民間的等），廣西出土二十二
件，有的素面，有的雕刻幾何紋，少數雕刻牛頭紋、人頭紋、翔鷺紋、牛紋。
人頭紋羊角鈕鐘古滇文化一件（出土於滇東南文山壯族苗族自治州麻栗坡新
堡寨村，也稱新堡寨鐘），甌越文化出土一件，屬於百越生活的左右江流域和
紅河流域交界處，古滇國的新堡寨鐘呈半個橄欖核形狀，中空，整體青銅鑄
造，兩側留有合範痕跡，頂部有小長方形孔，頂頭兩貌似羊角形的鈕，鐘壁
兩面鑄造人頭紋，頭飾羊角狀髮型，大眼，面部凸出，三角形鼻子，下頦底
垂鬍鬚。廣西貴港的羊角鈕鐘在正面有浮雕式人頭紋，忽略細節，有模糊統
一於鐘體的審美傾向。牛頭紋和牛紋的羊角鈕鐘主要在古滇國區域內發現十
個之多，而越南北部出土的主要是翔鷺紋和幾何紋裝飾。雲南出土的羊角鈕

鐘，在靡莫之屬的氐羌系族群、僰人轄區、濮人和百越居住地均有，出土數量雖然不多，但是分佈較廣，而且常常是與銅鼓置放在一起，其上雕刻的紋樣風格也與銅鼓上內容、風格一致，說明它是古滇國文化的神聖器物，有學者認為其人頭紋飾可能與古滇國奇異的「獵頭」祭祀習俗有密切的關係。古滇國和甌越文化中同有甬鐘和環鈕編鐘，但是不具有強烈的民族藝術特色，在此省略。羊角鈕鐘在發掘現場多與銅鼓相伴，可以說，它們最早由雲南楚雄地區的氐羌系游牧民族鑄造和使用，然後傳至滇池地區發展成熟，再傳至百越地區，為嶺南越人所接受。因此，羊角鈕鐘應該是濮越文化交流融合的產物。羊角鈕鐘與銅鼓所代表的青銅文化的發源地是在雲南楚雄的萬家壩一帶，它的興起並臻於成熟，顯然是受楚越青銅文化，特別是越文化的直接影響。然後傳至滇池地區發展成熟，然後以滇池地區為中心，向外傳播。其中一支往東，經過雲南東部、達廣西、貴州，沿沿鬱江水系，可北達於湘江流域。另一支往南，沿紅河而下，經過麻栗坡進入越南老街、富壽、北江，達於越南北部興安，往南到清化、義安。它們所到之處，都同當地原有的文化結合，並在後來融彙於這些文化之中。羊角鈕銅鐘流行的時間，早的在戰國初期，晚的見於西漢時期的墓葬，即從公元前 5 世紀至公元 1 世紀，前後歷時 400 餘年〔註7〕。

由於戰爭的需要，滇馬和犁牛，在南越和甌越文明中也有運用，滇馬矮壯，耐力好，適合在崇山峻嶺間馱負重物；古滇國製作的青銅兵器，也交換到甌越和越南區域。當時古滇國青銅冶煉技術發達，又兼有礦藏豐厚的優勢，故而周邊地區進口其出產兵器屬常舉，因為古滇國兵器堅韌鋒利，耐用，質量上乘，在戰爭頻繁的奴隸社會時期大量生產。另外，可以見證的可靠實物有，晉寧石寨山出土的「三獸鈕列瓣紋銅盒」、「三鳥鈕列瓣紋銅盒」，江川李家山出土的「鎏金列瓣紋銅盒」，廣東南越王墓出土的「鎏金列瓣紋銀盒」，毫無疑問，這類器型來源於西亞波斯地區，雲南古滇國的銅盒加入了本地特色，銅質、鍍錫，造型樸實敦厚，矮胖，廣東南越王墓的是銀質，外部裝飾更加與西亞接近。于蘭博士著文認為，雲南的三件青銅列瓣紋盒子，應該是順著自古以來就有的滇緬印陸路通道傳入到雲南，因為雲南有著更為獨特

〔註7〕 「羊角鈕銅鐘紋飾研究」蔣廷瑜著文，《首屆雲南撫仙湖與世界文明學術研討會論文集》，首屆雲南撫仙湖與世界文明學術研討會組委會編，2011 年，第261 頁。「關於國內出土的幾件列瓣紋金屬盒」。

的、便利的地理條件到達印度、中亞、西亞，甚至更遠的地區。穿越橫斷山脈的一些山口和嶺間平壩，由高原而進入緬甸境內的平原後，再通向印度就容易許多。而石寨山的那兩件銅盒，時代在公元前 175 年左右，南越王墓的銀盒時代在公元前 122 年左右，稍微晚於古滇國列瓣紋盒〔註8〕。戰爭最直接的武器，在古滇國和古甌越國之間也有相似器物，比如在江川李家山和晉寧石寨山出土了一百多件一字格劍，為典型的古滇國青銅器典型器物，在廣西甌越文化遺址發現的一字格劍，均為受到古滇國文明影響的武器器型，而且，這些劍製作精美，裝飾紋樣多種類，雕刻工藝高妙，並非用於戰爭前沿的實用性武器，多為用於祭祀的聖物。

　　青銅扣飾的鑄造最早來源於草原青銅文化，筆者在南越王墓博物館看到的南越王墓出土的青銅扣飾，還是沿用了長方形外形，野獸在框內的搏鬥做了幾何化處理；而古滇國青銅扣飾大部份為不規則扣飾，極具本土文化特色，完全敘述記錄了古滇國自然和生活的現實狀態。具有天然去雕飾的樸拙意境，野趣橫生。南越王墓出土的銅扣飾和古滇國青銅扣飾，都沿用了斯基泰文化中青銅雕塑常見的動物，內容一致，扣飾形式和動物雕塑造型卻各有特色，南越王墓銅扣飾保留了北方草原文化的原味，而古滇國青銅扣飾在器型形式和雕塑風格上，都完全保持了古滇國本土文化的風貌。

　　在古滇國和嶺南、越北出土的青銅武器和農具中，有許多相似的因素。如：造型、圖案、符號。在嶺南和越北，陸陸續續出土的曲刃短劍、觸角式短劍、直援無胡方內戈，都是古滇青銅器的代表性器物，歷史考證，由於古滇國銅礦藏豐富，其青銅武器在古代大量輸出到其它方國，嶺南和越北都從古滇國輸入了大量的古滇式青銅兵器。另外，在越南東山文化和廣西甌越文化出土的青銅農具中，也有與古滇青銅銅鋤相似的器型，羊甫頭出土的斧頭、銅鋤、銅鐮刀證明了古滇國農業的文明程度，是石寨山文化水稻種植文明的印證，特別是適合雲南土壤特徵的心形銅鋤，是稻作農業的文明象徵。另外，武器和工具上的雕刻圖案和符號的變化，也是兩不同地域互往的印證。南越王墓出土的武器有戟、戈、矛，上面雕刻的圖案是動物紋和雲紋的組合，具有濃烈的西漢文化韻味，動物紋的怪異兼有南越土風和先秦神秘之流線型風格；這兒出土的當盧（如圖 7-1）做工精巧，雕刻其上的動物紋具大漢優美的

〔註 8〕　于蘭著文，《首屆雲南撫仙湖與世界文明學術研討會論文集》，首屆雲南撫仙湖與世界文明學術研討會組委會編，2011 年，第 266 頁。

曲線之意；古滇國的武器也有劍、戟、戈、矛，然而其中雕刻的圖案是滇僰、濮人、越人服飾變形的韻味，原始巫術是古滇國本有的宗教來源，其紋飾則沿襲了本土原始宗教的文化特徵，古滇國墓葬出土的當盧也有浮雕紋飾，但沒有幾何化或者程序化，只是自然地描繪孔雀的生動體態，也許以示特殊的宗教意義。古滇國生產工具上的紋飾，鳥類和蛇較多，古滇國地處草木繁茂的北回歸線附近，古滇國人意識裏的圖騰是現實化的表現。「古滇國文化中常見一種線刻工藝的飾紋方法，與鏨刻工藝稍有不同，是用刻刀直接陰刻而成，而且時代較早，技術相當成熟，也以寫實性動植物紋爲主。」〔註9〕所以相應的技術可以產生手法自由的藝術。甌越文化也有外部造型類似於古滇國青銅當盧的銅牌，其表面有浮雕山羊紋鎏金銅飾牌，山羊頭頂彩雲，腳站山峰，昂首回望，整個風格

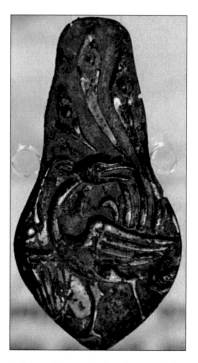

圖 7-1　當盧

（西漢，高 11.5 公分，寬 12.5 公分，
作者拍攝於雲南省博物館）

簡單樸實，與古滇國鎏金當盧的華麗形成反差。山羊鎏金銅牌出土於廣西西林縣普馱銅鼓墓，同時有鎏金心形銅牌上裝飾浮雕綿羊，應是與山羊鎏金銅牌對應之陪葬器物，該墓有大量古滇國文化特點的青銅器遺存。

　　商周青銅器，爲祭祀、禮儀、王權而鑄造，其器型和雕刻紋樣有固定的體系，成熟的程序化，張光直先生在研究商的青銅藝術時，認爲它是爲權力系統左右的，並且，特別提到了商青銅器動物紋樣二分制度的原由，那就是與王室之內分爲昭穆兩組似乎有密切的關係。張光直先生在著作《商文明》裏，對商王族的內部階層分立和承繼制度有精闢的研究，因爲商是有文字記錄的王朝，又有豐富的考古實物爲佐證，其相對完備的王權政治體系和古文明，成爲東方河流文明的典型。龐大的商文明，與西南的各小方國文明早有聯繫，前文已有敘述，因此，古滇國文明難免不受到商文明的輻射。政權統

〔註 9〕彭長林著文「雲貴高原與嶺南早期文化關係的考古學觀察」，《廣西民族研究》
　　　　2006 年第 2 期。

治、禮制宗教雖然屬於不同體系，但不能排除受到異類文化影響的可能性。
古滇國青銅雕刻紋樣沒有嚴格一律的二分制度的影子，其動物紋樣是自由流
暢的原始再現風格，但是依然是為王權和巫術、神話所控制，古滇國的王權、
神話和巫術與商的迥異，因而青銅雕刻紋樣的風格也是大相徑庭的。

有學者把這歸為史官文化和宗教文化的區別〔註10〕。宗教文化對超自然
力崇拜備至，想像出來的神和神的世界，神聖多彩，宗教文化不依賴於文
字，有語言，幾乎用文字記錄自己的古代史，用生命性的符號來祭祀、表
意。古滇國青銅器上的符號紋飾較多，太陽紋、剽牛紋、鳥紋、牛紋、船
紋、羽人舞蹈紋等，還有眾多幾何紋，是具有象徵意義的宗教精神的外在表
現。還有，殷墟和婦好墓出土的部份青銅器，經過中國科技大學運用鉛同位
素比值鑒定，「化學檢測分析法」、「發射光譜法」、「硬度計測分析法」等測定
出，殷墟和婦好墓的青銅器合金成分，來源於雲南金沙江流域東川、會澤一
帶。自古以來雲南與中原的往來，通過古蜀國而行。筆者在成都金沙遺址博
物館參觀過殷墟與金沙青銅器比較展覽，看到了西南與黃河流域文明不斷線
的互聯。

雲南地區的有銎戈，其器型是在受西北草原青銅文化影響的同時，在中
原地區管銎戈的影響下形成的，由於古滇國擁有發達的青銅鑄造技術，便發
展成了銎更長、銎背上有立體動物紋飾的帶有古滇國文化特色的戈〔註11〕。

沒有無民族的文化，也沒有無文化的民族。這裡通過古滇國文化與其它
區域文化的比較、分析，其目的是從藝術的角度尋找雲南多民族文化交融的
線索，試圖釐清其固有的文明原貌。幾種文化相互的交融，實質上是人類文
明進程中，物質文化與精神文化的產物。

第三節　古滇國青銅雕刻對其它地域文化的影響

雲南有多條河流流入東南亞地區，生活在雲南地區的人們可以順河谷而
下，到達珠江流域、越南的紅河三角洲、湄公河三角洲，也能進入緬甸的薩

〔註10〕　《撫仙湖與東南亞古文明比較研究》，段立生文，《首屆雲南撫仙湖與世界文
　　　　　明學術研討會論文集》，首屆雲南撫仙湖與世界文明學術研討會組委會編，
　　　　　2011年，第126頁。
〔註11〕　《試論雲南管銎戈》，刀紫紅著文，《首屆雲南撫仙湖與世界文明學術研討會論
　　　　　文集》，首屆雲南撫仙湖與世界文明學術研討會組委會，2011年，第326頁。

爾溫江和伊洛瓦底江。已經發掘的青銅器實物從各個方面展示了古滇國與東南亞的交往與互動。

　　雲南劍川海門口遺址、彌渡闔家山遺址、越南北部馮原文化都出土了相似的石範，說明這些地方的先民在商周時期已經學會了青銅冶煉術，並且工藝上不同於商周文化的陶範冶鑄法﹝註12﹞。「1990 年處，我應意大利和泰國聯合考古隊邀請，在泰國華富里塔開青銅文化遺址（其時代約公元前 1000 年～公元前 300 年）進行過短期的發掘工作。……其中有一類器物與雲南古滇文化墓葬中出土的『寬邊玉鐲』（如圖 7-2）器型相同。……古滇國時期雲南晉寧石寨山和江川李家山等墓葬中出土的寬邊玉鐲，基本上可以肯定是模仿鄰近地區泰國的同類型器物製作的。」﹝註13﹞這是雲南古代與中南半島文明互往的佐證。

圖 7-2　寬邊玉鐲（史前）

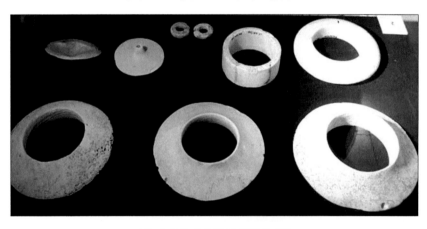

（作者拍攝於泰國國家博物館）

　　首先，石寨山型銅鼓器型十分成熟精美，它興盛穩定後向周邊傳播，在湖南、湖北、四川、貴州、廣西、廣東都有出土石寨山型銅鼓，它被當地少數民族奉為祭祀大器，延續了銅鼓的神聖功用。石寨山型銅鼓器型也對越南北部的青銅文化有影響，越南北部出土了不少石寨山型銅鼓，而石寨山型銅

﹝註12﹞ 李昆生、陳果著，《中國雲南與越南的青銅文明》，社會科學文獻出版社，2013年版，第564頁。

﹝註13﹞ 張增祺著，《滇萃──雲南少數民族對華夏文明的貢獻》，雲南美術出版社，2010 年 9 月版，第 60 頁。

鼓，和越南東山銅鼓一樣，是萬家壩銅鼓器型傳播到不同中心的典型青銅器。其上的裝飾線刻圖案也具有相似的因素，尤其是滇、越兩地銅鼓上的紋飾的趨同，比如，羽人船渡、干欄建築、宴飲樂舞、翔鷺場景、魚鷹和孔雀等，在石寨山型銅鼓和越南東山文化銅鼓中都常見，虎、蛇、牛及水生動物總是被雕刻在兩地的祭祀青銅器物上。這說明古滇國宗教文化不僅僅在古代影響了周邊的區域文明，還說明其文明的某些因素在這些地域被傳承下來，悄悄地留存在歷史的長河中。

其次，可以從古滇國的青銅農具器型對其它區域的輻射，來判斷古滇國文明對周邊區域的影響。而古滇國奇異的青銅農具的器型，在周邊區域也有發現運用。這些農具器型可以為農耕實用，適應古滇國的土壤和氣候的稻穀農業耕作，但是墓葬出土的青銅農具，刻有特殊圖像和圖案的，即為祭祀之類宗教儀式之重器。出土於越南東山文化的蝶翼形銅鋤，是古滇國石寨山文化心形銅鋤的演變而成，只是裝飾的線刻不同。古滇國墓葬中發掘出許多青銅鐮刀，通體似長喙鳥頭形，弧背、凹刃、刃部一側有供裝柄的圓銎。越南青銅文化晚期有此類鐮刀出現，只是刃部更凹。古滇國墓葬出土了幾百件梯形銅斧，此器型的銅斧在越南北部青銅文化遺址也有出土，而且器型、紋飾基本相同〔註14〕。

再次，古滇國墓葬群呈貢天子廟出土的銅提桶屬於戰國器物，是迄今發現最早的青銅銅桶，被認為是貯貝器最早期的形狀的器型，越南北部青銅時代文化遺址也有此類銅桶出土，顯然是受到了古滇國銅桶器型的影響，銅桶外壁圖案裝飾有相同之類，競渡、羽人、三角形、波浪紋等線刻裝飾都一致。

石寨山銅鐘與越南密山銅鐘比較，（如圖 7-3）也有許多相似的造型和符號，羊角鐘的外形、鐘外壁線刻的圖案，羽人造型大同小異，有的羽人在船上，有的羽人在牛的左右（古滇國的牛是神和財富的象徵，並不用於耕地犁地等勞動之用）有佩戴劍器人形圖案，說明兩地皆有佩戴武器的習俗，獵頭風俗也在古滇國和越南北部的青銅器裝飾圖案上有所記錄。兩區域屬於古代不同的文化圈。也就是說其文明的傳播是從一個中心往一個中心慢慢轉移的，器型和圖像、符號，對於兩個地理位置接壤的文化中心而言，其互相往來滲透是文明史中比較常見的。

〔註14〕 張增祺著，《中國西南民族考古》，雲南人民出版社，2012 年版，第 302 頁。

圖 7-3　古滇國與越南青銅器型比較（手繪）

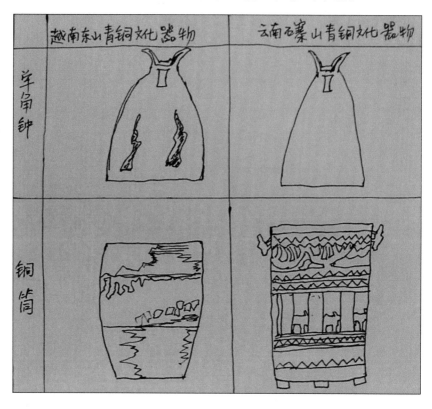

　　技術工藝的成熟與影響方面，古滇國的鎏金、線刻、金銀錯、鑲嵌、黑漆古技術，影響了南越的青銅技術。古滇國的武器尖利精良，也遠銷南越國。

圖 7-4　南越王銅桶（西漢）　　　　圖 7-5　雙鹿穿鋬銅斧

（作者拍攝於廣州南越王墓博物館）　　　（西漢，長 14.5 公分，
　　　　　　　　　　　　　　　　　　　　作者拍攝於雲南省博物館）

圖 7-6
三星堆青銅面具（商）

（作者拍攝於四川廣漢三星堆博物館）

圖 7-7
三星堆搖錢樹上的青銅鳥（商）

（作者拍攝於四川廣漢三星堆博物館）

圖 7-8
泰國班清文化青銅手鐲

（作者拍攝於泰國國家博物館）

圖 7-9
泰國班清有肩銅斧文化

（作者拍攝於泰國國家博物館）

　　這裡雖然重點敘述比較了古滇國青銅文化對周邊區域的文化的影響，但是並非說古滇國文化就沒有受到異域文化的融合。自古以來，文化的相融是相互的，文明的進程依靠的是文化彼此的寬容和互補，不同的文明養料匯聚成了文明的生命活力，任何發達的文明區域都不會是單營養的「孤島」，越是

強盛的文明，越是會吸收異域文明的長項，也會把自己的優勢傳播給外域，這是歷史發展的規律。這裡在研究古滇國文明對外域文明影響的同時，其實也在尋找古滇國文化血脈的多源性，尋找古滇國文明營養的多元化。雲南自古以來是我國少數民族集聚最多的地區，民族關係較為複雜，文明匯合的支流也較為複雜豐富，考古發掘的文物是古代先民創造的物質文化和精神文化的混合體，古滇國出土的青銅器和青銅雕刻，是研究古滇國文明的最形象的、可視、可觸摸的珍貴藝術資料。

結　論

一、研究古滇國青銅器的價值

在人類歷史進程中，青銅文明處於人類文明的轉折點上。世界六大青銅文明爲：兩河流域青銅文明、古埃及青銅文明、商周青銅文明、希臘羅馬青銅文明、北方草原青銅文明、雲南古代滇國青銅文明。雲南青銅文明具有特殊的價值，其中的古滇國青銅器佔據了重要的比例。古滇國青銅文明在公元前 276 年～前 109 年這一階段，晚於其它五大青銅文明。古代滇國青銅器出土了諸多特別的器物和雕塑，這些雕塑內容涉及到祭祀、生活場景、戰爭、農耕、畜牧、紡織等古滇人的社會現實，幾乎可以復原古滇國的社會原貌。通過它們，研究者可以直觀地面對兩千年前古滇國的社會、政治、宗教、習俗等方方面面。它們是雲南古代文明的精髓。古滇國青銅文化在世界文明史中佔有重要地位，對古滇國青銅文化的多角度研究，有助於探尋世界文明的諸多線索，研究結果可以彙集成人類文化史的寶貴資料。

地域美術的研究是中國美術史研究的重要組成部份。我國以往的美術史研究中，雲南古代青銅器藝術的研究雖然已經引起業內專家的重視，但立足於藝術本體的系統研究還是非常欠缺，尤其從美術史和視覺語言研究的角度剖析古滇國青銅器藝術的文章，少之又少，這就需要年輕的學子做出相關的探索。最重要的是，滇池區域出土的青銅器是這一區域文明的典型象徵符號，正如易學鐘先生所言：「在世界青銅時代的文化遺存中，很難再找到像滇青銅器時代這樣獨特的地方文化現象。」從美術學的角度研究青銅文化，特別是通過古滇國青銅器與周邊青銅器的比較研究，可以找到雲南青銅文化與東南

亞文化的相互關聯，並看到文化傳播的途徑——古滇國青銅文明本來就立足於多種文明土壤，它融合了多種文明的鑄造技術和符號化手段。立足於青銅器的形式語言和形象符號的研究，有益於探尋青銅時代社會機制對文明進步的推進，辨析出青銅藝術發生背後的精神動因，最終認識到青銅器符號所指涉的文化內涵。

二、古滇國青銅雕塑的藝術特徵

　　張光直先生認為，如果青銅是古代中國稀缺資源運用方式的縮影，那麼，中國文明的肇始，政治文化就在其中扮演了主角。青銅文化是政治權力集中統治的象徵，青銅鑄造的動物、禮器、巫術和舞蹈場面等，是政治王權的表現。這些鑄造物通過藝術的方式，期望達到與上天、神靈溝通的目的，主要與儀式和戰爭聯繫在一起。青銅器也是財富的象徵，它的擁有和積纍彰顯著王國權威的榮耀。

　　（一）古滇國青銅器的雕塑語言，注重表現現實生活的真實與原始宗教的神巫異質，用寫實雕塑，再現古滇國的社會現實，用特殊的個性的符號語言，營造了古滇國神秘的社會氛圍。古滇國的先民既與自然搏鬥又與自然親近相處，古滇國青銅雕刻把這種狀態塑造得樸實而靈動，本是千錘百鍊，卻留出速塑的痕跡，如同電影畫面，再現了幾千年前的古滇國社會全貌。古滇國青銅雕刻有圓雕、浮雕、線刻、鏤空，運用鑄造技藝特別豐富，選取典型的場面，嚴格按照器物器型需求，突出「塑」語言韻味，烘託金屬材料擁有的質感和量感。在有限的空間裏創造雄奇的雕塑氣場，動物威猛，古滇人神奇，氣勢連貫，充滿張力，創造了極具獨立審美價值的立體藝術空間。古滇國人的造型能力和雕塑技術超越了那個時代，保留古滇國青銅雕刻富有本土風格的造型特點，即興的手塑感相當強烈，飽含原始的寫意性，沒有形成程序化的範式。他們循著本土的宗教，鑄造了龐大的族群造像，這完全是一部宏大的史詩，立體地再現了古滇國的重大事件，表達出返璞歸真的原始宗教意義。

　　（二）在符號的含義方面，古滇王國的威儀輻射到青銅藝術的骨髓，決定了古滇國青銅雕刻的藝術風格。雲南古滇國青銅器的骨子裏深藏著王權的特殊用意，它有著獨特的藝術特質，創造出了一個獨特的世界。首先，古滇國青銅雕刻里選取了銅鼓、銅鐘、兵器、農具、貯貝器來執行禮器的功用，

其中有現實的人活動的典型場景，有與古滇國人相伴的動物。所有的形象均是圍繞王權的權威的代表性符號，比如，大量出現虎和牛，既是古滇國的圖騰，又是戰爭和農業的必需物。塑造這些動物的雕刻藝術，無論是立體的符號還是平面的符號，無論是「具象」的形式或者抽象的圖像，都顯示了古滇國青銅雕刻的成熟和個性。在這些青銅雕刻中，符號的威懾力貫穿始終，似乎迴蕩著凝重的遠古大地的聲響，表達了古滇王國凝重的宗教本義。其次，古滇國王族擁有的特權、權力、財富、高雅、神聖性，這一切都彙聚在青銅塑造的雕塑藝術世界裏。古滇國王族傾盡全力，利用他們所佔有的資源，塑造一個讓人眩目的青銅雕塑的世界，立體地記載了王國的榮耀與輝煌，如戰爭場面、狩獵場面、武士奔馳、納貢群像等，有意或無意間讓威儀與榮耀得到永恆。而他們還認爲自己受神的護祐，青銅器和青銅雕刻中也符號化地記載了他們與神努力溝通的活動，如殺人祭祀場景的存在。符號的圖像展示了直接溝通的神力。再次，古滇國特有的不規則扣飾的浮雕和高浮雕塑造的動物兇猛、人獸之戰、騎士威風等，與古滇王國的政教合一的社會現實是一致的。古滇國的王權，旨在通過青銅器和雕刻塑造的符號神器傳情達意，多重形式的符號構成了古滇國青銅雕刻特殊的藝術格調，飽含著古滇國統治階層的審美意識。

　　（三）就文化內涵和價值上來說，古滇國青銅雕塑，塑造了不同於其它文明的精神世界。青銅塑造的禮器和法器，是統治上層必須的重器，它們連接人與動物、天與地、文化與自然，已然造就王國的大器藝術之風，如同建築、石雕、文字符號，是遠古文明遠離野蠻的佐證。古滇國青銅雕塑記載的歷史，填補了西南邊疆青銅文明時期的藝術史空白，同時，爲東南亞與中國的早期文明交流提供了豐富的史料；對古滇國青銅雕塑藝術的探究，釐清了藝術風格生發的動因，我們可以看到，血緣、地理、宗教、王威、戰爭、文明交融，都是藝術風格形成的營養和源流。在古滇國青銅雕刻的圖像和冶煉技術中，可以看出各個民族文化在古滇國的文化已經紮根。除了古滇國谷地具有豐富的銅礦資源外，與青銅文化的發達與古滇國文化具有的包容性是分不開的。

　　古滇國文明把祖先或神的智慧的賦予與統治權力之間畫上了等號——世界上人類文明初始的政權藝術都有此類共性。青銅器的創造的初始意願，左右了貫穿其中的審美取向。這就是，在原始宗教和宗族政權的意志左右下的

造型表達，在每一件青銅成就爲現成藝術品之前，創作者的意識是：鑄造神聖之器物和器物帶來的非凡力量。政權與宗教的威力轉化爲古滇國精神的符號，青銅雕刻的顯性表象即是古滇國精神符號的物質表現。這種社會環境下創造出的可見、可觸摸的現實而直觀的器物，在中國古代雕塑藝術史上寫下了瑰麗的篇章。

三、研究古滇青銅雕塑藝術的意義

本文剖析了與古滇國青銅文明相關的各種文化之間的關係，試圖追尋不同文化交流場景變異的流向，解讀、闡釋古滇國青銅雕塑的美學內涵和現實意義。其一、古滇國青銅器和青銅雕刻在青銅藝術的創造方面，集聚了既有文明的成果，因而在審美因素上可能看見別的文化元素的影子。古滇國青銅器和青銅雕塑吸收了其它文明的青銅冶煉和鑄造成果，以多樣性的技術達到了青銅製作的完善。其二、從古滇國青銅器和青銅雕刻中抽取典型圖像、符號、敘事場面和其所建立的空間，分析古滇國雕刻藝術擁有的藝術特質和審美取向，慢慢展現的一個本土的風格定式或者程序化藝術風格，同時，聯繫觀者的角度、觀者的審美、觀者的心理訴求等因素，探討古滇國青銅雕刻的藝術魅力。其三、本文本著當代學術研究的特色，不過於文學化、戲劇化地分析古滇國青銅雕塑藝術，而是以新近的考古學成果和前輩們在社會學、歷史學領域的研究成果作爲自己的研究基礎，站在美術學的視覺領域，從美術學和美學的專業理論角度，對所研究對象進行客觀的擴展研究。貢布里希在《藝術發展史》中寫到：除非我們試圖進入到早期人們的思想當中，否則無法理解這些奇怪的「藝術」開端，是怎樣的經歷使他們想到圖畫——這種不僅看上去很美，而且擁有某種運作力量的東西。青銅雕刻中的「某種運作力量」的這一神秘面紗需要被揭示。

地域美術的研究對於中國美術史的整體建立是必不可少的，而且需要從多種視角、以多種方法來進行。本研究冀以拋磚引玉，爲更深入的研究做出準備。

參考文獻

一、著作

1. 《雲南考古》，汪寧生著，雲南人民出版社，1980 年版。

2. 《雲南民族史》，尤中著，雲南大學出版社，1994 年版。

3. 《中國西南民族考古》，張增祺著，雲南人民出版社，1990 年版。

4. 《滇文化》，張增祺著，文物出版社，2001 年版。

5. 《滇萃——雲南少數民族對華夏文明的貢獻》，張增祺著，雲南美術出版社，2010 年版。

6. 《雲南民族的由來與發展》，王文光編著，德宏民族出版社，1995 年版。

7. 《滇國尋蹤——青銅鑄成的史詩》，雲南省博物館編，陳浩、邢毅撰文，雲南民族出版社，2008 年版。

8. 《中國西南歷史民族學論集》，何耀華著，雲南人民出版社，1988 年版。

9. 《雲南文物考古文獻目錄》，雲南省博物館編，1986 年編。

10. 《茶蘼集》，李偉卿著，雲南人民出版社，2010 年版。

11. 《雲南藝術史》，李昆聲著，雲南教育出版社，2001 年版。

12. 《中國青銅器全集 14　滇　昆明》，文物出版社，1996 年。

13. 《滇國青銅藝術》，雲南人民出版社雲南美術出版社，2000 年 12 月。

14. 《古滇青銅器畫像拓片集》，姚鐘華編著，雲南美術出版社，2008 年。

15. 《中國雲南與越南的青銅文明》，李昆聲、陳果著，社會科學文獻出版社，2013 年版。

16. 《中國青銅器》，馬承源主編，上海古籍出版社，2003 年 1 月版。

17. 《中國雕塑藝術史》，王子雲著，人民美術出版社，1988 年版。

18. 《龍盤虎踞——中國古典雕刻的文化方位》，陳雲崗著，陝西人民教育出版社，1991 年 11 月版。

19. 《陳雲崗美術論文集》，陳雲崗著，陝西人民美術出版社，1999 年 12 月版。

20. 《美術考古與藝術美學》，趙憲章、朱存明著，上海大學出版社，2008 年版。

21. 《史學方法論》，杜維運著，北京大學出版社，2006 年版。

22. 《中國雕塑史》，梁思成著，生活‧讀書‧新知三聯書店，2011 年版。

23. 《中國美學史大綱》，葉朗著，上海人民出版社，2005 年版。

24. 《日出三星堆》，段渝、鄒一清著，巴蜀書社，2011 年版。

25. 《喪家狗》，李零著，山西人民出版社，2010 年版。

26. 《尋羌》，王明珂著，中華書局，2009 年版。

27. 《商文明》，張光直著，生活‧讀書‧新知三聯書店，2013 年版。

28. 《眾神之河》，于堅著，陝西出版集團，太白文藝出版社，2009 年版。

29. 《在遙遠的莫斯卡》，于堅著，陝西師大出版社，2011 年版。

二、譯著

1. 《美術、神話與祭祀》，張光直著，郭淨譯，生活‧讀書‧新知三聯書店，2013 年版年。

2. 《中國古代藝術與建築中的「紀念碑性」》，巫鴻著，李清泉、鄭岩等譯，上海人民出版社，2009 年版。

3. 《古代藝術與儀式》，簡‧艾倫‧哈里森著，劉宗迪譯，生活‧讀書‧新知三聯書店，2008 年版。

三、論文集

1. 《雲南青銅器論叢》，《雲南青銅器論叢》編寫組，文物出版社，1981 年版。

2. 《首屆雲南撫仙湖與世界文明學術研討會論文集》，首屆雲南撫仙湖與世界文明學術研討會組委會編，2011 年編。

3. 《南方絲綢之路文化論》，南方絲綢之路文化論編寫組編，雲南民族出版社，1991 年版。

致　謝

　　求學的過程有欣喜和苦悶的交織，研究的艱辛與收穫的愉悅增添了學術的魅力。攻讀博士學位的過程，增長的不僅是知識，更多的是老師們言傳身教的求索之法和治學之道，我受益匪淺。

　　成爲陳雲崗教授的學生，是我的幸運，陳先生學識淵博，治學嚴謹，論文從選題到定稿，陳雲崗老師傾注了大量的心思，對我嚴格要求，悉心指導，使我得以從紛繁的頭緒中理清思路，明確方向，在陳老師不斷的耐心提點和教導下，我在專業學習和研究的過程中收穫良多，我會感念一生，在此謹向陳老師表達我最誠摯的敬意和感謝！

　　感謝西安美術學院良好的學院正統學術傳統給我學術研究的滋養，使我在學術研究的道路上充滿信心；感謝西安美術學院各位老師的指導，讓我在這裡吸取豐富的學術營養；感謝佟玉潔老師的關懷；感謝幫助過我的美院師友、同學，謝謝你們的關心和支持。

　　感謝對我的論文進行評閱的各位先生，在此誠摯地感謝您，向您致敬！

　　感謝雲南省博物館的陳浩老師、張永康老師，雲南大學的于蘭老師在查找資料的過程中給予我的建議和幫助。感謝我的家人，在我求學的過程中給與無限的鼓勵和支持。